生態としての情動調整
心身理論と発達支援

須田 治 編著

シリーズ
支援のための発達心理学
本郷一夫 監修

金子書房

シリーズ刊行にあたって

　近年，障害の確定診断の有無にかかわらず，様々な支援ニーズをもつ子どもや大人が増加している。また，そのような人々に対する多くの支援技法も紹介されている。しかし，ある人に対して「うまくいった」支援技法を他の人に適用しても必ずしもうまくいくとは限らない。また，支援直後に「うまくいった」ように見えても，その後の人生にとってその支援が効果的であるかはわからない。重要なことは，表面的な行動の変化ではなく，その人の過去から現在に至る生活の理解に基づいて，その人の現在と未来の生活に豊かさをもたらす支援を行うことであろう。すなわち，人の発達の理解に基づく発達支援である。

そのような観点から，シリーズ「支援のための発達心理学」は企画された。本シリーズは，人が抱える問題の理論的基礎を理解するとともに，それに基づく具体的支援方法を学ぶことを目的とした。その点から，次の2つの特徴をもつ。第1に，単なる支援技法としてではなく，発達心理学の最新の知見に基づく支援のあり方に焦点を当てている点である。第2に，各領域の発達は，その領域の発達だけでなく，他の領域の発達と関連しながら起こるという機能間連関を重視している点である。

現在，発達支援に関わっている心理士・教師・保育士，これから支援に関わりたいと思っている学生・大学院生などの方に，本シリーズを是非読んでいただきたい。そして，それが新たな支援の展開と支援方法の開発につながっていくことを期待している。

最後になったが，このシリーズの出版の機会を与えていただいた金子書房，また迅速で的確な作業を進めていただいた担当の加藤浩平氏には深く感謝の意を表したい。

2018年2月

シリーズ監修　本郷一夫

Contents

シリーズ刊行にあたって　i

巻のはじめに：発達的アプローチ　iv

第Ⅰ部　生態の発達をとらえようとする実践

第1章　情動への心身的な調整論：ASDへの実践
……………………………………… 須田　治　2

第2章　「発達」と「支援」が創造的に出会うには
……………………………………… 川田　学　17

第Ⅱ部　情動発達支援の方法論

第3章　支援を支える生態記述：行動観察と微視的分析
……………………………………… 松熊　亮　30

第4章　ASDケースの情動への自然指向的支援論
……………………………………… 須田　治　40

第Ⅲ部　情動発達へのさまざまな具体的な実践

Ⅲ部のはじめに　56

第5章	現実的脱感作法を活用した不登校改善の試み
	··· 小野　學　58

第6章	自閉状態を呈したWest症候群の幼児との プレイセラピー
	··· 榊原久直　70

第7章	行動化しやすいASDケースへの20年間にわたる発達支援： 家族への暴力と盗みを繰り返す青年の語りから見えて きた情動調整機能
	··· 東　敦子　81

第8章	友人関係にかかわるASDの心と行動のカウンセリング： 中学生支援
	··· 佐竹真次　94

解　説	情動支援について
	··· 須田　治　105

巻のはじめに：発達的アプローチ

須田　治

　最近になっていよいよ自閉症スペクトラム障害についての理解が難しいものであることが，広く理解されてきた。方法論的に難しいからである。そもそも発達とは，個体のそれぞれの多様な変化である。それは，内発的な発達と環境のはたらきかけとのあいだの絶え間ない変化であり，後成的変化（epigenesis）と呼ばれるが，無数の要因の複雑な相互作用の結果といえる。そのような複雑な変化では，単純で厳密な因果にまとめることなど難しいに決まっている。しかしそれでも支援研究は第1章にあるように「反証可能なデータを用いて」示すことで記述性は得ることができる。本巻では，情動の具体的な発達の様態としてとりあげているので，合理的な批判とともに支援可能性を検討していただきたい。

　本巻でとりあげる情動の問題とは，主体の社会参入における規定因の一つであり，それはまた撤退，不適応の深刻な要因にもなるものである。「調整」ということばは，第1章と第4章で示したが，身体的な側面と心理的な側面をもっている。第3章では，方法論的な情動調整の観察を示したが，それでもなお，まだ残された問題がたくさんある。以上に加えてIII部で示すようにさまざまな切り口から情動的支援をとりあげてみた。詳しくは「解説　情動支援について」でも述べている。

　本書は，支援研究がデータを蓄積し，情動の変化についての個人のケースから異なる発達の特異性の可能性をとらえようとしたものであり，自閉症スペクトラムだけでなく，情動の調整に問題を抱えているさまざまなケースの問題に対して，支援の方法を開こうとしている。その支援方法の検討のなかでは，次第に対象者の自由意志を，生きる力を涵養するために周囲の包容力をとりあげなければならなくなっている。筆者は，支援というよりも，自由教育的な支援が必要とも考え始めている。第1章と第2章は，それに繋がることかもしれない。そしてまた「妥当な方法」はどこにあるのかを探しつつ，支援者と家族，支援者と支援者の協力関係が生み出せることも必要になってきている。

第Ⅰ部
生態の発達をとらえようとする実践

第Ⅰ部　生態の発達をとらえようとする実践

第1章 情動への心身的な調整論：ASDへの実践

須田　治

1　人間の生態にかかわる発達支援

はじめに

　ある自閉症スペクトラム障害（Autism Spectrum Disorder：以下ASDと略す）の青年は「猫なら僕は好き」と言う。しかし，人間の友だちはほとんどいない。心理学者たちは，それを「機能的な欠損」としてとらえることがあるが，完全な欠損ではない。また「障害を治してみせる」と息巻いているという人もいるが，それも誤っている。ASDの対人機能は，刻々と変化する。そのうちの自発的になだまる状態を拡げることが，発達支援のテーマといえる。本稿はそうした情動の問題を心身の調整から取りあげることにする。

ASDが発現するしくみ

　かつて自閉症は単一要因で，ある責任遺伝子が生み出した障害であるととらえられていた。しかし最近になり，個々人に異なる特異性の発達があることが明らかにされている。実際にケースによって障害の特徴が異なる。喚起が高くなりやすい，いや低くなりやすい，孤立しがちである，音過敏がひどい，いや味覚過敏がひどい，不安が高い，作業記憶がうまく機能しないなどさまざまである。それをどのように説明できるだろうか。

　2008年頃から，神経発達学，分子生物学的研究では，ASDの発達機序について以下のような説明がなされてきた。すなわちこの障害とは，多因子的な相互作用により漸進的に生じた障害であるとする仮説が主張を強めてきたのである。たとえばカドヘリン（Cadherin）などの「神経接合分子」は，神経細胞間の

接合により神経発達をなすのであるが，それがASDの場合には発達過程で障害を起こしてしまっているというのである（たとえば，Redies, Hertel, & Hubner 2012）。つまりケースごとに神経発達の特徴も違うことがかなり根本的なことから，本来オーダーメイドの支援が望ましいのである。

情動のはたらきの問題に目を向ける

まずASDに情動の調整不全がみられるパターンをみてみよう。

ある日，ひより（仮名；アスペルガー症候群の女児）にお母さんは次のように促した。…「ほら，前に行ってお姉さんと遊んできなさい」。しかし，ひよりは，からだの喚起を高めパニックになってしまった。そして「ああ〜行きたいんだけど，行けないんだよぉ」と言う。

これは身体喚起と情動の興奮がすすみ，自分の意思によって制御することができない状態を示している。情動をスマートに表現することができないのである。これは情動の喚起，全身の喚起の問題であり，もともとのホメオスタシス（平衡回復）のはたらきを超えて，調整できなくなっていると推測される。パニックあるいは攻撃は，そのピークを越えて生じ，そして情動の喚起を下げるのである。ヒトは基本的に，喚起がちょうどよく，落ち着いた状態においてはじめて，いま・ここの自己を感じとり，他者との感情を生むのである。では健康な情動とはどのようなことだろうか。

情動のはたらきは，発達初期には認知とは独立したものであり，主体の身体平衡の自然のしくみとして誕生から観察される。17世紀にはスピノザが自然機序である内発因としてとりあげたが，現代では，脳科学者ダマシオ（Damasio, 1994　田中訳2010; Damasio, 2003　田中訳2005）が，身体から由来する情動を全体システムとしてとらえることに成功している。

情動とは，ヒトの心身が，周辺とのあいだに「調和された状態」を生み出すための信号系であり，エネルギー的動因でもあるといえる。そしてさらに変化の体験的なトーンが，感情としてもたらされる。

情動は，乳児期から内発的な平衡を回復するために発現する。認知とは独立して発現し，生理的喚起（arausal；覚醒とも）を介して，養育者から情動表出へのスージング（soothing）を求めるようになる。こうして乳児は，親などと

情動の「相互的調整（mutual regulation）」をなし，日ごと快適な経験を生み出していく（Gianino, & Tronick, 1988）。そのあと幼児期以降に，情動の脳部位は，一部が認知とのあいだに神経回路が生み出される。機能連携し「感情（feeling）」という情動体験を生み出す。この感情が，脳に身体状態をフィードバックされ，主体は当事者感を刻々と心に得ることになる（須田，2017）。

生態としての変化：情動のサイン曲線的変化

ところがASDの子どもたちには，情動的共感の難しさがあったり，脅威で固まっていたりして健常者にはない発達の特異性が指摘されることが多い。それは何か柔軟に適応できない生物的限界があるからと考えられる。

このASDの特異性は，情動発達上の「生物的制約（biological constraints）」とみることができる。それは，Xができないという情動の喚起がかかわる活動限界があるだけでなく，XができないことがYという能力にもかかわる影響（例として，短期記憶へのバイアスや，注意の特異性）もありうるといえる。その結果としてアスペルガー症候群の人びとには，過剰な関心の集中（鉄道など機械への熱中や，理屈への緻密な熱中など）があるかもしれない。

注意すべきことは，ASDの人びとが高喚起になりがちで，主張を繰り返しているのだが，その一部だけをいつも常に「定常的に異常」であるかのように決めてかかるのは誤った理解であるとみるべきだろう。むしろ彼らは，人とかかわれる状態と，かかわれない緊張とか興奮した状態とを示して，いわば「サイン曲線のような変化」を示しているのである。それゆえ発達支援は「人とかかわれる穏やかな状態を拡げること」が実践で目指されるべきだろう。ASDの人びとの怖れや興奮を減らし，快適な調和した状態を拡げることが必要なのである。

情動の穏やかな状態を探す探索

ASDの身体にも，喚起といわれる「活気感の強さ」があり，ホメオスタシス（平衡回復）的な変化を起こすしくみがある。しかし時には緊張がうまく調整できないような状態が不可避的に起こり，周囲の人とのやりとりができなくなる状態も観察される。彼らが穏やかになるには，ある程度の条件がかかわると

いえよう。わたしたちは，そのような調整的な変化をとらえる必要がある。本論の仮説では，身体，情動の喚起がサイン曲線のように刻々と変化するものを「生態のなかから探索すること」が，小さな子どもや，喚起に問題のあるケースへの支援としてみている。

　その場合，調整とは何であるのだろうか。それは（1）情動を落ち着かせたり，喚起させたりするような調節であり，時にそれは（2）内的な興奮や感情（心的体験）をうまく情動表出することにもかかわる。つまり，他者やものとのあいだの変化であり，生命体の心身がもっている媒介的な機能でもある。気晴らしなどのチューニングが両者ともしばしば絡まるものである。自然にちょうど良い情動の穏やかさを回復する変化を「調整」と呼ぶが，それは発達とともに媒介過程を経るのになっていくといえる。しかも後の研究で分かったことであるが（須田，準備中），アスペルガー症候群の青年たちは，しばしば他者の前で，自分の緊張や興奮がうまく調節できないことを語っている。

　そこで，筆者はケースに問題が起こっている場合，「発達支援」という枠組みをとって，心理学的援助がなされるべきだと考える。それは小児精神医学者グリーンスパン（Greenspan, 1992）が「発達的アプローチ」と呼んだものである。すなわち，（1）日常の文脈をふまえた支援の方が，人工的訓練よりも人間の自然に適合しているととらえられ，（2）大人が設定したような目標への行動創出ではなく，子どもの内発的変化にかかわる支援の方が有効とみる立場であり，（3）家族が支援を形づくるために不可欠なものと見るべき，というとらえ方といえる。

　大切なことは，支援が生きる人々のためにあり，日常的で，生態学的妥当性が重視されることである。つまり発達は「開かれたシステム」のなかでの変化ととらえられるべきである。これは家族への支援が重要であることを示している。

生きる質をさぐる科学の一つのやり方

　自然指向の接近法でも，関係的な調整の側面とともに，心身によい状態の回復が問われることが必要であろう。（1）喚起がちょうどよくなるという調整が問われ，また（2）情動や感情体験の質が，怒りや怖れや不安などから解放

され，ほどよくやりとりできることが必要である。

　発達支援では，こだわりの減少，パニックや不満の泣きや，攻撃性の減少などもとりあげるが，「生きる質」の問題を消滅できなくても，周辺とのよい関係を経験することにより，子どもの修復を試みることもある。たとえば筆者は，頑なに障害の内閉性などが続いている高機能のASD（アスペルガー症候群など）の子に，お芝居をする試みを行っている。以下は，発達初期から強いこだわり，心的外傷，パニックなどが頻発してきたケースである。

　高機能のASDの小学5年生の女児ひより（仮名）は，人とのあいだで，目を合わせて話すこともできないし，反抗して，喚起を高めて話し続けることが多かった。トランプをやると興奮して，争いを始めていた。この子に「お芝居療法」と名付けたドラマに参加するかと聞くと，乗り気になった。台本を渡し読み合わせを2回やり，立ち稽古を2回やると，喚起は鎮静化したのであった（須田，2017に詳しい）。台本により，彼女の不安が消えるようなところがあったようである。たとえば「静かに待ってから話す」という指示にもひよりは従うし，監督役が，相手と目を合わせて話すようにと言うとできるのであった。「お芝居療法」は，子どもによっては誘導ができないこともある。しかし指導のまったく入らない子にも，スルッと芝居が入ることもある。

　このケースでは，支援による参加経験が子どもの日常に広がって般化するということはなかった。それでもその子にとって重要なのは，人とのやりとりに参加して，穏やかな喚起の状態でやりとりを楽しむことができたということである。台本があるということで，セリフに沿って気分よく演じることができるのである。これは台本というお芝居の流れにより，情動をスマートに調整できるようになったとして了解できるのではないだろうか（須田，2013）。

増悪する過程について：行動の位相変化（phase shifts）の仮説

　以下ではもう一歩具体的な支援に触れることにしよう。

　身体の緊張エネルギーは，乳児のころから泣きや笑いなど情動表出することで緊張低減をなしているという（Field, 1982）。それが成長後にどうなるかは，推測するしかない。しかし，ASDの子にも同様の身体系の緊張の発散ができればよいのであるが，緊張の解放ができないでいる場合，情動状態の連鎖が起こ

り喚起は高まると推測される。

　ASDの子がパニックを起こすとき，多くの場合，情動の「身体にかくれた位相変化」が行動化をもたらしていると考えられる。それは情動における「システム的な調整」として，こだわり，喚起上昇，主張性，攻撃，パニックなどが変化し，内的エネルギーの上昇と発散の連鎖が想像されるべきであろう。報酬の結果ばかりでなく，情動そのものの機能性が多重な影響下にあることもかかわっていると考えられる。昔，衝動として呼んでいたような対象攻撃を想定させるといえる。いずれにしてもそれを「潜在的な位相変化」と想定し，情動行動を記述することが変化の全体動向としてとらえることを可能にする。こだわり，喚起の上昇，攻撃化などを「フェーズの移動（位相変化）」としてとらえるなら，多様な行動が積み重なり，身体システムから内発されていると考えられる。本書の第4章のネマキくん（仮称）の事例では，次にあげる①～④のように，小さなフェーズの変化が攻撃やパニックを生み出している。すなわち，

　①きっかけとしての感覚的なこだわり：感覚的なこだわりが繰り返される。
　②こだわりへの集中とともに，情動的な喚起が高まり，主張性が強くなる。
　③攻撃やパニックが生じ，しばらく喚起は高まるが，やがて低減する。
　④養育者の対応：その攻撃性に対して，見通しのできる養育者なら，抱いたりしないが，多くの母親は「ごめんね」と言って「仲直りの抱っこ」をしてしまう。あるケースの場合，養育者（母親）の対応を変えてもらうために分化強化という方法をとっている。これは母親に自分自身が攻撃性されたときに，スキンシップしてきた仲直り，子どもの攻撃を強めているからそのときのスキンシップをやめてほしい。攻撃されたときには無視して離れ，穏やかになったときにスキンシップ（抱きしめる）してほしいと伝えた。第4章の結果の通り，2年間の紆余曲折ののち，子どもの攻撃性は鎮められていった。

2　支援論を支える反証主義

　人びとは科学に誤りのない実証を求めてきた。しかし無謬主義を主張しても因果の実証を完璧にすることは，発達については不可能である。ケースの発達は，無数の因子が複雑に絡み合って影響し，永い時間で生み出されるからであ

る。以下のように考えてはどうだろうか。そもそも「物理現象であれば同一条件が与えられたなら，必ず同じことが起こる」という自然の一様性を想定できない発達には，統計的検定は完全には成り立たないのである。それはただ，おおまかな傾向を検定するだけである。

多様性のある人間の発達をとりあげ，それもASDの多様な特徴を対象とするのでは，さらに支援効果を探究することは厳密にはできない。発達にかかわる実践には，日常の無数の相互作用がかかわるからである。その生態学的妥当性（生の生活をとらえる適切さ）を求めるなら，単純な因果に収束した因果的予測は難しいのである。

ヒトは，個人ごとに異なる経過をたどる。発達は1回かぎりの個人の歴史である。だから支援というものの効果を，緻密に，正確に因果として実証することはなかなか難しいといえる。

どうしたらいいだろうか。わたしたちは「反証主義」をその検証に活かすことが一つの選択ではないかと考える。科学哲学者ポパー（Popper, K. R. 1902-1994）は，「完璧をめざす合理主義」が不可能なことを踏まえ，可謬主義であっても科学性を求めるべき方法があるとして，「批判的合理主義」を主張した。それは反証可能な形でデータを出すことであり，それにより，思想の交換性をもち，合理的な批判ができるということ（discussible and criticalの提案）であるとした。彼はナチスやスターリン主義の時代に，科学の名のもとに誤った歴史的展望が出されていたことを批判した。彼はユダヤ人であるためニュージーランドへ逃げ，自由な思索のために闘ったのである（川村，1990）。

実践の科学性：支援と変化を記述と検証とは

ポパーにおいて科学とは，その実証の限界性を認め，結果を繰り返し批判的に検討することを重視するものである。それを踏まえ，彼は「反証可能性（falsifiability：仮説を否定できるような反証可能性）のあるデータ」を出すことが必要であるとし，批判を経て「反証によって排除されること（traial and error elimination）」が，重要だととらえている（関，1990）。

それを踏まえて「実践」の検証を考え直す必要がある。ASDへの実践では，たとえデータによって厳密な因果は抽出しえないことを踏まえるべきである。

そして反証可能性のあるデータで記述を公開し，それに合理的批判を経ることによって，仮説支持できるデータかどうかが検討されるべきと考えるのである。

3 情動発達の一般モデル

つぎに情動の理論として，ダマシオ（Damasio, 1994 ダマシオ 田中訳, 2010）の脳神経連絡網の発達説明モデルをとりあげる。

「身体起源の自然」としての情動変化が生まれることにより，ヒトには他者や世界とのあいだの社会性が生まれる。情動は，そういう関係感の起源であり，それとともに身体の変化を外に表出しつつ，個体を環境のなかで適応させるための媒介をなす。

もとより情動は，初めは生得的な行動であり，進化経過のなかで獲得されたものである。生後，他者との相互作用によって，共鳴し合うやりとりを生み出す。表情や声のトーンや，からだの動作の「反応傾向（action tendency：行為傾向）」をもたらし，それはたとえば身を縮め，凝固させるような怖れに機能するさまざまな動作をも組み入れていくといえる（Campos & Barett, 1984）。

この情動は，生体調節を起源として生じたものである。一般的にいうとホメオスタシス（平衡回復機構）のなかで内発的変化を起こす。たとえば，ヒトは刺激づけにより喚起をたやすく高めるし，身体の喚起が高まりピークに昇り詰めると微笑や泣きなどを表出し，喚起を下げるという媒介的調整のはたらきもすることに見ることができる。

一次的情動

乳児期には刺激への反射的反応として泣きなどの情動が表出されるが，次第に生存のために情動行動は対人的に機能していく。乳児は，外界からの刺激に対して，扁桃体などを中核として，過去の情動的記憶により，情動表出をなし，ぐずり，泣き，微笑するなど，生得的な情動行動を表出する。この生存のためにはたらく「一次的情動」を，ベカラ（Bechara, 2004）は，二次的情動が生まれたのちも生涯機能するものととらえた。トロニックらは，そうした情動的なやりとりが，互いに交流され，相互調整（mutual regulation）を進めるとい

う。そのやりとりのゴールが，情緒的な快の調子（hedonic tone）という質の経験の贈り物があるととらえている（Gianino & Tronick, 1988）。筆者の臨床経験からはアスペルガー症候群の人びととはそれが弱いと考えられる。

二次的情動

　ヒトがからだに感じる解放感は，自由な感情としてのイメージを伴いがちであるが，それは身体的情動と空想とが結びついたものであり，ダマシオ（Damasio, 1994）の「二次的情動」の説明，とくに「ソーマティック・マーカー仮説」により説明されている。これは，情動部位が認知部位と神経連絡網の発達により機能連携して生じる変化である。

　扁桃体を中心とした情動の機能が，大脳皮質（前頭前野や体性感覚領域など）とのあいだに機能的連携を生み出してから，想像という心的イメージに情動が繋がり，「感情」を体験させる。この機能的連携が「二次的情動」である（Damasio, 1994; LeDoux, 1996）。それはたとえば想像しただけで恥ずかしいとか，心がほのぼのするというように，認知と情動との連携で生じるといえる。

　「感情」は心的体験であるが，それは情動変化の一部分だけが主観的体験として意識されるものであると検証されており，情動の感じとられた主観的体験である。たとえば，顔を赤らめ，胸をドキドキさせるとき，内臓感覚とか，直感というような変化がまずからだに起こり，それが体性感覚領域という脳の右の皮質に投影される。その変化の読み取りが，すなわち内臓などの身体的変化を，心の恥じらいと読み取ったものが感情（feeling）なのである。つまり感情は，自らの身体の状態をフィードバックするものであり，当事者感を生み出すものといわれている（ダマシオ，2003　田中訳，2005；須田，2017）。

4　ASDにみられる情動の困難：3つの仮説モデル

　ASDの人びととの困難を特徴づけているのが，情動の機能であることが多い。以下に便宜的に3つに分けてとりあげる。

①からだの喚起の調整の困難

　第一の特徴は，喚起（arousal）にみられる自律的調整の困難である。たとえ

ば，こだわりなどで喚起度が著しく高くなると，声の音圧を高めたり，同じ主張を繰り返し，興奮して相手に訴えたりする。ちなみに喚起とは，情動的状態の強さという特異的な調整であるとともに，意識の覚醒にもかかわる全身的な覚醒ともいわれている（LeDoux, 1996　松本・川村訳，2003）。

　乳児期の情動発達は，まさしく一次的情動であるが，その表出は「最適喚起状態（optimal state of arousal）」をゴールとしている。情動には，健康であれば喚起・覚醒の度合いを最適な喚起度を発達させる生得的基盤がある。

　しかしASDには，とても低い喚起を示すケースもまれに観察されるが，過剰喚起がむしろ多い（たとえばLydon et al, 2013）。ASDでは，喚起が上がるとき，それが周囲を遮断する集中に向かい，こだわりを強め，攻撃性やパニックと繋がることが時に見られる。ASDでは，健康に働くホメオスタシスがやや弱い，喚起の調整不全が多いといえる（本書第4章）。

② 人とのやりとりでの情動の相互調整の困難

　ジアニノとトロニック（Gianino & Tronick, 1988）は，人との情動的なやりとりが一般的に相互調整され，快の調子（hedonic tone）が生み出されると考えた。乳児期から発達するこの調整は，実は自分と人とのあいだで愛情が快としてコミュニケートされる重要なルートである。

　しかしアスペルガー症候群（知的な遅れも，言語的な遅れもほぼ認められないASD）には，そのときに緊張に満ちたやりとりが目立ち，人を感情的な共鳴へと巻き込むことは上手くないケースが多い。

　一説では，ASDの人びとのやりとりに，相互的に愛情豊かな感情が少ないということが，2000年頃から報告されている。それは大脳辺縁系の扁桃体における何かの支障として推測され，たとえばアマラルら（Amaral et al. 2003）は，微細な扁桃体の障害をもたらしたリーザスモンキーが，過剰に警戒心を起こしていると考えた。これにより自閉症の背景に扁桃体がもたらす情動の問題があることを推論している。

　また，オキシトシン（Oxytocin）というペプチドホルモンが，アスペルガー症候群，あるいはASDの人びとには不足していると推測されることがある。ペプチドホルモンは，愛や安らぎにかかわる対人的な情動的やりとりのときにはたらくとされているが，実際に点鼻薬のオキシトシンの投与によりASDの人

びとの情動的なやりとりの改善に効果があるという報告がいくつか出された。それには反論も出ていたが，最近になってASDに及ぼしうるオキシトシン投与の効果測定が，健常者とASD者とのマッチングさせた比較，プラシーボ（偽薬）との比較した結果が出されている（Prekel, et al, 2016）。こうした結果が，アスペルガー症候群の人びとにおける心優しい関係への願望を高めることができない理由と推測されている。しかしこれもまた今後さらに検証が必要な仮説といえる。

③感情的な自分の認識の問題

ASDやアスペルガー症候群の子どもや青年には，不安がしばしば見られる。これは二次的情動が発達してのちの空想が絡んだ不安である。たとえば，漠然とした不安がとらえられることもある。ASDの不安傾向については，スペンス（Spence, 1998）の不安尺度（Spence Children's Anxiety Scale: SCAS）によりASDの人びとがさまざまな不安にかかわっていることが明らかにされている。たとえば高機能のASDの8～12歳までの子どもたちは，「分離不安」と「強迫傾向」が健常児よりも高いという（たとえばRussell & Sofronoff, 2005）。またラムゼイら（Rumsey, Rapoport, & Sceery, 1985）は，18～39歳までの高機能のASDの人びと（IQ＞82）に5日間入院してもらい，行動観察と面接を行うと，「全般性不安」と「分離不安」が示されたという。

それに加えて，自分の「感情」の体験にかかわる困難がASDにはあるという仮説も出されている。筆者の観察した結果では，とくに自分の快の感情をスマートに情動表出したり，言語的に表現することの困難がみられた。

つまりアスペルガー症候群の人びとが，心の感情体験を他者へのメッセージとして，うまく行動化，言語化できないでいることが問題であるとも推測される。

このことはアスペルガー症候群の人びとが，アレキシサイミア（alexithymia：失感情症）傾向が高いことと関連することかもしれない。たとえばベルソスとヒル（Berthoz & Hill, 2004）によれば，アレキシサイミア尺度（Toront Alexithymia Scale-20）の3側面とは，(a) 自分の感情を同定し，それを表現することの困難であり，(b) 心に感じる感情を情動喚起に由来する身体感覚の変化と区別することの困難であり，(c) 内的な体験よりも外的出来事に関心を

向ける傾向である。しかしどのようなしくみなのかの説明は進んではいない。

5 当事者の内発的な変化をとらえる

　ここまでの説明から，ASDのケースには，トップダウンで強い指示をしてその喚起を緩和させようというような方法は，かえってストレスになり，問題をしばしば拗らせてしまうので，避けるべきと考える。当事者の自発的な変化をとらえるため次のような視点をあげる。

例外的にある「おだやかな状態」を探るという視点

　障害の度合いにもよるが，年齢の若い子どもの場合，ASDの子には支援によってこだわりやパニックが軽減されることがある。安心できる予測可能な状況におき，緊張を解き，喚起が穏やかにさせることは試みるべきだろう。
　そもそも情動は，その状態を刻々と流動的に変化させていくものである。いつも緊張し人と接することができないことを，「定常的な状態」としてとらえるのは，障害理解として間違っているように思われる。すなわち気分の波によっては，まれに「例外的なやや落ち着いた状態」を示すこともある。楽になれる緊張のない穏やかな時間が増えることがまず大切だといえる。
　つまり発達支援は，その個人内の喚起の上下する波の変化のなかから例外的な安定できる状態を拡大して，いわば「抜け道」のように調整することが選択肢の一つだと考える。ASDの子どもは，時としてある関心にこだわり，喚起を高め，要求を強めていく。喚起のピークになるとパニックになり，叫ぶか泣くか暴力をふるう。どうにかして，興奮の度合い，喚起を調整することが検討されてもよいように思われる（本書第4章で詳しく述べる）。
　攻撃化する心身に穏やかになる変化は，おそらく自らが「なだまりの感覚・感情」を後づけ的に気づくことではないだろうか。たまたま遭遇した変化も，新しい「アトラクター（平衡状態）」と気づくことと「自己組織化理論」ではとらえる（Fogel, 1993）。同じような変化を，わたしたちは成人に対しての「漸進的筋弛緩法」という呼吸法で進めている。からだの緊張を解いていくことでもこの過程は生じうる。このように身体を映すミラーとしての喚起の変化

が，ASDの子どもにも成人にも生まれることと考えられる。

深く苦しむ人とともにあり，心を解き放つ視点

　アスペルガー症候群（AS）の人びとは，人と幸せな感情を分かち合うことが少なく，心の「るつぼ」には，マグマのような怒りや怖れが渦巻いているようである。

　たとえばスナオ君（仮名）は，一番つらいのが飲み会で人と接することだと言う。「ぼくは，人との関係をうまくやっていけない」という遠慮がちなつぶやきのように，実は彼の心の声はほとんど人に知られていないのであろう。時に彼らは，自分の身体が障害に繋がれているということに絶望し，逃げたいと願い，人とのかかわりに苦しむことがずっと解決のできない，永遠に続くことのように感じられ，救いがないとも思っているようである。

　しかし，なかには家族に愛され，いくぶん逸脱はしているが，人をいたわったり，慰めたりする気持ちのある人もいる。そういう人びとは，「世俗から離れた自由な関係」とかいうべきものが尊重されているように思われる。

　そんなとき「間（ま）をもってかかわる」ということがあってもよいと思われる。それにしても彼らの主体は，周りとのかかわりとして自分自身を，マップに読み取れず，解放されることのないままASという障害に内閉されているという悩みをもっているといえよう。

　内的なマグマを解き放つには，ASである自分自身の自由意志が，教育的に寛容に受け入れられる感じが必要であるだろう。母親が話さないと思っていたASのケースが，長い時間語り始めたのはその例である。

　身体とのバランスを回復させるべきことは，その主体の直接的なカウンセリング的な接近法により可能だろうが，決して「断線した関係」を彼らが深く思索することが得意とはいえないので，問題をことばで解決することは簡単なことではない。そこで筆者は，親や家族に助言を進めて，「そばに存在している人びと」をいかなるアクシデントにも弾力性のある立ち位置になることを願って助言をする。人びととのあいだに，自然な，緊張のない時間が生まれることを，まさしく自由教育的に必要ととらえてきた。たとえ「世俗から離れた自由な関係」を当事者が求めても，条件つきの受容の必要があるように思われる。

【文　献】

Amaral, D. G., Bauman, M. D., & Schumann, C. M. (2003). The amygdale and autism: Implications from non-human primates studies. *Genes,Brain and Behavior, 2*, 295-302.

Bechara, A. (2004). A neural view of the regulation of complex cognitive functuins by emotion. In P. Philippot & R. S. Feldman (Eds.), *The regulation of emotion* (pp.3-32). Mahwah, NJ: Lawrence Earlbaum.

Berthoz,S., & Hill, E. L.(2005). The validity of using self-repotts to assess emotion regulation abilities in adults with autism spectrum disorder. *Europian Psychiatry, 20*, 291-298.

Campos, J. J., & Barrett, K. C. (1984). Toward a new understanding of emotions and their development. In C. E. Izard, J. Kagan, & R. B. Zajonc (Eds.), *Emotions cognition and behavior* (pp.229-263). New York: Cambridge University Press.

Damasio, A. (1994). *Descartes' Error: Emotion, Reason, and Human Brain.* Harcourt Inc.
（ダマシオ．A．田中 三彦（訳）(2010)．デカルトの誤り――情動，理性，人間の脳　ちくま学芸文庫）

Damasio, A. (2003). *Looking for Spinoza: Joy Sorrow and the Feeling Brain.*
（ダマシオ．A．田中 三彦（訳）(2005)．感じる脳――情動と感情の脳科学　よみがえるスピノザ　ダイヤモンド社）

Field, T. (1982). Affective displays of high-risk infants during early interactions. In T. Field & A. Fogel (Eds.), *Emotion and early interaction* (pp.101-125). Hillsdale, NJ: Learence Erlbaum.

Fogel, A. (1993). *Development through relationships: Origins of communication, self and culture.* Chicago: University of Chicago Press.

Gianino, A., & Tronick, E. Z. (1988). The mutual regulation model: The infant's self and interactive regulation and coping and defensive capacities. In T. M. Field, P.M. McCabe, & N. Schneiderman (Eds.), *Stress and coping across development* (pp.47-68). Hillsdale, NJ: Lawrence Erlbaum.

Greenspan, S. (1992). *Infancy and early childhood: The practice of clinical assessment and intervention with emotional and developmental challenges.* Madison, CT: International Universities Press.

川村 仁也(1990)．ポパー　人と思想85　清水書院

LeDoux, J. (1996). *The Emotional Brain. The Mysterious Underpinnings of Emotional Life.* New York: Brockman, Inc.
（ルドゥー．J．松本　元・川村 光毅（訳）(2003)．エモーショナル・ブレイン――情動の脳科学　東京大学出版会）

Lydon, S., Healy, O., & Dwyer, M. (2013). An Examination of Heart Rate During Challenging Behavior in Autism Spectrum Disorder. *Journal of Developmental and Disabilities, 25*, 149–170.

Preckel, K., Kanske, P., Singer,T., Paulus, F. M., & Krach, S. (2016). Clinical trial of modulatory effects of oxytocin treatment on higher-order social cognition in autism spectrum disorder: A randomized, placebo-controlled, buoble-blined and cross over trial. *BMC Psychiatry, 13*, 329.

Redies, C., Hertel, N., & Hübner, C. A. (2012). Cadherins and neuropsychiatric disorders. *Brain1Research, 1470*, 130-144. http://dx.doi.org/10.1016/j.brainres.2012.06.020.

Rumsey, J. M., Rapoport, J. L., & Sceery, W. R. (1985). Autistic children as adults: Psychiatric, social, and behavioral outcomes. *Journal of the American Academy of Child Psychiatry, 24(4)*, 465-473.

Russell, E., & Sofronoff, K. (2005). Anxiety and social worries in children with Asperger's syndrome. *Austrarian and New Zealand Journal of Psychiatry, 39*, 633-638.

関　雅美(1990)．ポパーの科学論と社会論　勁草書房

Spence, S. H. (1998). A measure of anxiety symptom among children. *Behaviour Research and Therapy, 36*, 545-566.

須田　治(2017)．感情への自然主義的アプローチ――自閉症スペクトラムへの発達支援　金子書房

須田　治(2013)．自閉症スペクトラム障害への「お芝居療法」――その2：不安と緊張の緩和プロセスの分析　首都大学東京人文科学研究科人文学報, 470, 54, 11-20.

第I部　生態の発達をとらえようとする実践

第2章　「発達」と「支援」が創造的に出会うには

川田　学

「心理学を専門とする皆様から私たちは，重要なことばをいただきました。それは不適応ということばです。破壊的な不適応は撲滅すべしと宣言することは確かによいことでしょう。しかし，そうであっても，私は，この社会には，この世界には，決して適応してはならないものがあると，確信しています」
(Martin Luther King, Jr., 1967)[i]

1　はじめに

　本章では，実践の現場を生きる子どもの理解と発達支援の考え方について述べる。つまり，保育のような集団生活のなかにおいていかに支援を考えていくかに力点がある。視点として，主体である子どもを生活の場から切り離さないで理解すること（生態学的アプローチ），外側から与えられる課題ではなく子どもの心身が環境と調和的な関係を回復していく過程を発達とみること（情動調整としての発達，ウェルビーイング），そして，個の発達とコミュニティの発展を不可分の過程として把握すること（文化的営みとしての発達），という3つを軸に「発達」と「支援」の関係を考えていく。
　本章で「支援」というとき，具体的に取り上げる現場は保育（保育所や幼稚園等）になるが，子ども理解と支援の考え方としてはより広く適用可能だろう。なお，筆者の保育現場への関わりの多くは，特定の子どもへの支援を直接目的としたものではない。むしろ，園内研修等への継続的関与を通して，コミュニティとしての子ども理解を深める中で，個別具体の子どもの発達支援に結びつけていくことを大切にする。

2 理解を仕立てる

（1）しつけ糸の比喩

　岡本夏木は，幼児期の再考をうながすなかで，「しつけ」に言及している（岡本，2005）。「しつけ」には，しばしば"躾"の字が当てられ，身に美しいと読んで礼儀作法に敏感な日本人には好まれる。一方で，しつけには，着物の仮縫いに用いる"仕付け糸"の由来もある。着物の仕付けとは，本縫いに方向性を与えるためにゆるやかに縫われることである。そして，後に糸を「はずす」のも，仕付けに不可欠の過程である。

　岡本は，子どもの発達と教育の関係を考えるとき，躾よりもむしろ仕付け糸のイメージの方が合うと述べる。育っていくのは子ども自身であり，外側からはめられた型（課題）が発達なのではない。仕付け糸の比喩を，発達支援に援用すれば，次の示唆が得られる。すなわち支援とは，仕付け糸の役割を全うすることである。それはきつく完全に方向を決めてしまう行為ではなく，ゆるくしかし着心地が良くなるための一定範囲の方向をガイドする。そして発達とは，そうした仕付け糸としての支援過程と相互作用しつつも，まさに主体においてよりよい状態を目指そうとする過程そのものである。不必要になった仕付け糸を見極めることも重要であり，支援をはずすことは，支援を導入することより難しいこともあるだろう。

　筆者が継続的に関わっている保育室にダウン症のH（女児）がいる。その育ちと保育者の支援の関係は，仕付け糸のイメージに重なる。春，10月生まれのHが1歳児として入園した。入園面接の日，床にベッタリ座り，服をなめ，足を床でけりながらくるくる回る様子を見て，保育者は1歳児クラスでの難しさを直感する。保育者と保護者にも了解の上，1歳児クラスとの交流を保障したかたちで，0歳児クラスからスタート。0歳のなかでは人一倍体の大きなHの，高速ずり這い，つかまり立ち，伝い歩き，おもちゃ見つけに，0歳児たちも模倣をはじめる。ただ，Hはなんとなくものたりなさを感じているようでもあり，0歳児が近づいてくると噛みついたりするようになった。

　5月，1歳児がすべり台で遊んでいるところに這っていき，その様子をじっと

見ていたことがあった。それを保育者は見逃さず，声をかける。Hは，同年齢の仲間と同じように滑れたことの喜びを感じてか，自信に満ちた表情をした。ただ，この時期のHはまだ，こうした喜びの共有を0歳児の担任に求めていた。転機は，もう少し後になって訪れた。

　0歳児の生活リズムと合わなくなって安心して眠れなくなってきたため，午睡は1歳児室でとるようになった。ある日の午睡明け，1歳児の担任が0歳児室に連れて行こうとすると，Hはこれを拒否した。Hは，相手の肩をポンポンと叩き，そして，0歳児室にいる担任にバイバイをした。その日の夕方，0-1歳合同保育の時間に，今度は0歳児の背中をポンポンと叩き，自信に満ちた表情をするHの姿があった。保育者は，Hが"ワタシハ ココニイルヨ！ キョウカラ コノクラスダヨ"と言っているように理解した。入園から2か月あまり経った頃のことだった[ii]。

　支援が暦年齢という型にこだわれば，Hは無理をしてでも1歳児クラスに適応したかもしれない。しかし，それではHの「いま」が保障されないだろう。あるいは，0歳児クラスにもっと長くいることもできたかもしれない。しかし，それでもやはりHの「いま」が充実しないだろう。上の実践では，子どもの「いま」が認められつつ，「あす」に向かって動きだすところを見逃していない。実践の変化点を，子どもの外側から決定するのではなく，子どもの身ぶりや表情といった内的状態の窓を通して漸進的に決定している。Hへの対応は，まさに仕付けとしての支援の過程を例証している。

（2）引き出されたエティック

　ここで少し話を広げて，文化人類学における"理解"の論点を参照してみよう。文化人類学とは，「人間の総合的な理解を目指す人類学の1つの領域であり，世界各地のさまざまな民族や文化的集団を対象に，その文化的な営みを探究する学問である」（道信，2013）。自らが内部者として属するコミュニティには，通常疑うこともない常識ないし共通感覚（コモンセンス）がある。一般にわれわれは，それを「ふつう」であると感じ，多少の窮屈さはあってもだいたいにおいて「よきもの」と認識している。そのため，その自明のことから外れる相手や文化に出あうと，違和感を覚える。違和感をもつことじたいは，生活

者としても研究者としても実践家としても，しごく素直な経験であり，否定されるべきではない。問題は，そこからいかに自分の理解枠組みを更新しうるかである。

文化あるいは固有の環境に置かれた人間の意味づけの仕方を理解するために，文化人類学で伝統的に用いられてきた枠組みが，エティックとイーミックの区分である。エティックとは普遍的な尺度を前提にして文化の比較を目指すアプローチであり，イーミックとは個別の文化を内在的に理解しようとするアプローチである（小田，2011）。エティックとイーミックは相互補完的な関係にあり，いずれか一方では人間と文化への理解が更新されていかない。

発達心理学と文化人類学の境界で研究を続けてきた米国のロゴフ（Rogoff, B.）は，文化人類学者ベリー（Berry, J.）の枠組みを用いて，「理解の更新」をうながすためにはエティックをさらに2つに分けて考えることが有効であると述べる（Rogoff, 2003　當眞訳, 2006）。エティックなアプローチとは，個別具体を越えた普遍的・客観的かつ比較可能な枠組みを構築する方向であるが，そもそも枠組みを「持ち込む」のか「引き出す」のかで大きな違いがある。「持ち込まれたエティック」とは，研究者が自らのよって立つ前提を，研究の対象となる現象やコミュニティにも当てはめようとするものである。知能検査や質問紙，アタッチメントを測定する構造化された手続きのようなものを，適用する相手の観点とすり合わせることなく用いるのがその例である。これに対し，「引き出されたエティック」は，協力者の内在的な視点に沿うように，質問や観察の具体的内容，また解釈の枠組みを修正していくアプローチである。すなわち，持ち込まれたエティックよりも，引き出されたエティックの方が，イーミックな情報への感度が高い（Rogoff, 2003　當眞訳, 2006）。

イーミックな情報への感度が重要なのは，われわれが自民族中心主義的な観点から"優劣"や"善悪"を判断する「欠損モデル」(deficit model) に陥りやすいためである。それでは，自分自身の理解の枠組みが更新されることはない。最初はこちら側の枠組みを試してみるほかないとしても，相手の側にも枠組みがあり，それは文化的な営みとしてはこちら側と等しく十全に存在していると理解している必要がある。こうしたスタンスは，異文化理解のみならず，子ども理解やアセスメントにも共通して重要であり，「信頼モデル」(credit model)

と呼ばれる（Carr, 2001　大宮・鈴木訳, 2013）。

　文化人類学におけるこうした方法的吟味は，発達支援においても示唆的である。いわゆる地域コミュニティのみならず，年齢，性別，障害といった面において，自分と異なる人びとを理解しようとするとき，信頼モデルに基づき，イーミックな情報への感度を高め，引き出されたエティック・アプローチによって普遍化や比較検討を進めていくことが重要であろう。

　ところで，上述の仕付け糸の比喩にちなんで"服"とそれを着る人との関係で考えてみると，持ち込まれたエティックとはいわば既製品（ready-made）を着せることである。着る人は，偶然ぴったりということがなければ，着心地を多少我慢しながら，服の方に自分を合わせるしかない。ただし，服との不調和が大きくなれば，生活に支障をきたすだろう。イーミックな情報を踏まえた引き出されたエティックとは，着る人のために仕立てられた（tailor-made）服を着せることといえる。テーラーが重視するのは，規準的な寸法ではなく，服の主が「着心地がよい」かどうかであろう。同様に，発達支援も，相手が「心地よく」生活できるためにどう理解を仕立てるかが問われる。

3　発達とウェルビーイング

(1) 支援は何を目指すか，あるいは発達とは何か

　本章冒頭の引用は，キング牧師が1967年のAPA（米国心理学会）年次大会で行った基調講演の一節である。その講演で，キング牧師は人類が絶対に適応してはならないものとして，人種差別を筆頭に社会的不平等や暴力に関わるリストを挙げた。米国でソーシャル・セラピーの理論構築と実践を展開するホルツマン（Holzman, L.）は，牧師のリストに「心理学の基本原則」を加えるべきだと主張する（Holzman, 2009　茂呂訳, 2014）。すなわち，個人が人間の心理生活の基本ユニットだとする前提，人間の研究と理解にとって重要なのは行動だとする前提，人間の社会性が個人性に追加された二次的なものという前提，そして，情動の領域と認知の領域を別物とする前提である。さらに，これらの前提と相互補完的な制度的バイアスがあるとし，発達は測定可能だとするバイ

アス等を指摘した。

　個人を文脈や関係から孤立した存在と仮定し，能力や機能を個人に閉じ込めることによって，それらを"純粋な"発達として測定しうるという信念は，今も発達心理学に根強く残っている（Mistry & Dutta, 2015）。教育や発達支援においても，社会的に期待される課題の達成（あるいは忌避される行動の減少）を「発達」と見なしがちである。教育や発達支援が，集団適応を無視することができないのは一面の事実として，他方で，発達を外的に設定される課題と混同してはならない。これはまさに，持ち込まれたエティックである。

　たとえば，吉川和幸の研究では，幼稚園に在籍する特別な支援を要する幼児の個別の指導計画の「目標」において，障害をもつ子どもの場合には，障害をもたない子どもでは当然のように認められる興味・関心や楽しさよりも，身辺処理や集団適応が優先されがちであることが示された（吉川，2014）。そこには，発達について欠損モデルから理解されやすい実態を見てとれる。

　人間発達研究は，19世紀から20世紀にかけての100有余年を経て，「発達」に関する一定の理論的共通理解を構築してきたといえる。それは，人間が，胎内の発生期から環境との相互作用を通して，エピジェネティック（後成的）に個性的な自己システムを生成していく自己組織的な存在であるということである（須田，2017）。この観点に立つなら，発達は信頼モデルで理解され，支援される必要がある。つまり，その子どものつまずきを，"発達の失敗"や"生得的に決定された固定的な状態"ではなく，発達しようとする主体の運動と環境との相互作用が不調和の状態にあることの現れとみるのである。「発達」の「支援」とは，時には主体自身に，時には環境に働きかけることを通して，その不調和から主体が創造的に回復する契機をさぐる営みであろう。

（2）ウェルビーイングの視点を取り込む

　医療人類学者である道信良子によれば，近年の医学教育改革において文化人類学的視点が重視されているという（道信，2013）。その背景には，医療の高度化が必ずしも人びとの幸福に直結するわけではなく，医療が市民と連携し，全体として「人間の生活を支える領域」として再編されるべきとの流れがある。

　この「人間の生活を支える」という観点が，発達支援においてこそますます

肝要になってきていると思われる。というのも，社会全体の人権意識の向上に伴い，人生のあり方をパターナルに決定することの妥当性は大きく減じており，生き方や幸福の尺度も多様化する傾向にあるからである。このとき，人間発達の新たな座標軸となる概念の1つが，ウェルビーイング（well-being）であると考えられる。道信（2013）は，ウェルビーイングについて，「人が良く生きている状態」を示す概念であるとし，「個人やコミュニティのウェルビーイングは，人が健康であり，幸せであり，社会が繁栄していることから理解することができる。それは人のからだの状態であり，こころのありようであり，社会全体の秩序や道徳のかたちとしてあらわれることもある。健康や幸せや繁栄をひとつのものさしではかることは困難であり，人びとがそれぞれ与えられた環境や機会において生き生きと生活しているということが，ウェルビーイングの相対的な指標」（道信，2013，p202，傍点引用者）になるとする。

　支援に関わる立場では，とりわけウェルビーイングの相対的指標をどう考え，共通理解の土俵にのせていくかが課題となろう。ここで，須田治の指摘が参考になる（須田，2017）。須田は，自閉症スペクトラム障害（ASD）の支援に重点をおきながらであるが，人間という心身システムにとって「情動調整がうまくいくこと」が最も基底的な発達支援であると述べる。乳児の対人インタラクションや情動機能に関わる生理学的・脳科学的研究の蓄積などを踏まえると，子どもは乳児期から身体的に心地よく，快の状態になるように情動の喚起（arousal）を自律的に調整しようとする。こうした情動調整の過程は，内臓感覚を伴い，その皮質へのフィードバックが感情（feeling）を生みだす。感情が重要なのは，主体に当事者感覚を発生させると考えられるためである。

　ASDは"スペクトラム"という呼称が示すように，状態像において実に多様であるが，須田は共通して情動調整のシステムに困難を抱えている点を重視している。ASDに限らず，実際のところ，定型発達の子どもでも情動調整のあり方には相当のバリエーションがあると考えられ，子どもはその発達初期からエピジェネティックに「自分に合ったやり方」を生みだしていくものと考えられる。このように，情動的に心身が「よい状態」にあることを求める旅が発達であると考えると，発達支援におけるウェルビーイングの相対的指標として，情動調整のあり方に着目するのは有意義であると思われる。

4 発達と支援の創造的な出会い

（1）生活の必要性を遊びのなかで実現していく

　子どもにおけるさまざまな"問題"は，環境や他者とのあいだの不調和として現れ，本人にとっては漠然とうまくいかない感覚や疎外感といった情動調整の困難として経験される（須田，2017）。このとき，相手が幼児の場合は特に，困難の低減と遊びの楽しさが両立していくところに，生活の「うまくやれる感覚」が回復していくことにつながるものと思われる。

　筆者の支援例をごく要約的に述べる。マコトは保育園の2歳児クラスに在籍していたが，あるきっかけで大パニックを起こしてから，1ヶ月以上来ていなかった。マコトの言語能力は高く，ひらがなも全て読めた。音への敏感さがあり，眠ることにも難しさがあって，夜中にひとりで起きてDVDを視聴したりしていた。園でも家庭でも，生活の基盤となる安心と安全の感覚が保障されていなかったと思われる。

　文字の読めるマコトへの，遊び心あるお手紙が功を奏して，再び来るようになった。そこから，保育者は生活と遊びを一体的にとらえた支援を進めていった。たとえば，保育室では決して給食を食べなかったことについて，当初は「食そのもの」の問題ととらえていたが，保育者はマコトを注意深く観察し，むしろ室内の「音」や「騒然とした感じ」との不調和と理解を更新した。気候の良い季節だったので，テラスにテーブルと椅子を出しての昼食をうながすとともに，同じクラスの他の子どもも「やりたい人はどうぞ」とした。担任は収拾がつかなくなることに少し不安もあったが，自分たちで準備することを条件にすると，ほとんどの子どもはしばらく楽しんだ後，しなくなった。マコトと他2名ほどの男児は，肌寒くなる季節まで続けた。興味深いことに，以後マコトは室内でも食べられるようになった。

　同様にお昼寝も苦手だったが，クラスみんなで工作活動として段ボールの家をつくり，自分たちで出し入れするなら「おうち」で寝ても良いとした。最初はどの子もわくわくして「おうち」で寝たが，最後まで使っていたのはマコトだけだった。彼には，必要だったからである。

生活の必要を遊びと結びつけることによる支援の継続によって，マコトは以後保育園を長期に休むことなく，卒園を迎えた。直面する課題を，その子や家族の"問題"に内在化させず，環境とのあいだで「うまくいかない」何かがあるとみる。それを，生活の必要として読みとき，遊びの楽しさや面白さと切れないように具体的支援を考える。マコトの支援のポイントは，その際に，他の子どもの楽しさや面白さともつなぐことを重視した点である。みんなでの遊びとして導入し，やがて生活上の必要がある子だけが自ら継続するのである。その場合，集団生活としての不公平感も生じない。加えて，具体的な事例をもとに，丁寧に時間をかけて集団的に理解を更新していく経験を積み重ねることは，保育コミュニティとしての子ども理解の底を上げる。それは，個人を越えたコミュニティとしての発達であり，ウェルビーイングの向上を意味する。

(2) 分かってもらうことが，子どもの関係性を育む

集団生活のなかではしばしば禁止・制限が先に立ちやすい。しかし，子どもが何かやりたいことがあるというのは，発達の自律性にとって重要な契機である。次の事例は，個と集団の力学を読み解く手がかりを与えてくれる。

ある幼児教育施設に4歳の男児ユウがいた。軽い発達の遅れがあるユウは，集団から外れやすかったが，その夏に水を使った遊びを好んでするようになった。ある日，ユウが木に向かって投げた泥が，シホに当たってしまい泣いた。ユウは困った表情をし，謝った。保育者は，その元気のない声が気になり，もっと広い場所で思い切り泥投げ遊びができるようにユウを誘った。ユウはニコニコになり，引いてもらった三本の線から距離を変えつつ泥投げ遊びを再開した。その楽しさが伝わったのか，他の子どももどんどん入ってくる。気づくと，シホも仲間に入って，泥投げを共に楽しんだ[iii]。

水遊びや泥投げは，集団のなかでうまくいかない感じを抱えていたユウにとって，そこから抜け出るための重要な窓である。その楽しさと喜びが，誰かに分かってもらえることで，子どもは深く安心する。シホに泥が当たっても，保育者はユウの泥投げの楽しさは否定しなかった。そうした構えは，継続的にユウの心身の変化を読み取り，気候が暖かくなって，ユウの心身が水や泥を使った遊びに快感を覚えるようになったことに発達の契機をつかんでいたから

こそ生まれるものであろう。"問題"の除去ではなく，泥投げとその楽しさを認め，「ではどうしたらうまくいくか」という方法を考えていくところに，発達と支援の創造的な出会いがあるといえよう。

5 おわりに

　医療と同様に，心理学も高度化・細分化する一方で，人間の生活の全体性を見失わない理論と方法論の構築が求められる。子どもの状態像を生態学的に，つまりはどのような関係の網の目を生きる生活者なのかを，丁寧に読み解いていくことから支援が始まる。子どもの状態は固定的ではない。固定的に見えるのは，むしろ観察する側のまなざしの固着による部分が大きい。多様な子どもがいるだけでなく，ひとりの子どもにも多様性がある。さまざまな制約をもっていても，環境調整の工夫，それも多くの場合は遊び心を伴った工夫によって，生活の主体として自己回復する経路を見出せることがある。発達の支援とは，自律性を備えた主体が，周囲の環境との関係性を結びなおしていく過程に伴走していく営みといえるだろう。

【文　献】

Carr, M. (2001). *Assessment in early childhood settings: Learning stories.* London: Sage.
　　（カー．M. 大宮 勇雄・鈴木 佐喜子(訳) (2013)．保育の場で子どもの学びをアセスメントする　ひとなる書房）
Holzman, L. (2009). *Vygotsky at work and play.* New York: Routledge.
　　（ホルツマン, L. 茂呂 雄二(訳) (2014)．遊ぶヴィゴツキー：生成の心理学へ　新曜社）
道信 良子(2013)．人間の文化的多様性を理解する――医学・医療系大学教育における文化人類学の貢献　医学教育, 44, 274-278.
Mistry, J., & Dutta, R. (2015). Human development and culture. In Lerner, R. H. (Ed.), *Handbook of child psychology and developmental science* (7th edition): *Vol.1. Theory and method* (pp.369-406). Hoboken, N. J. : John Wiley & Sons.
永江 光代(2017)．Hちゃんの育ちと保育　全幼協ニュース, 2017年度2号, 5-6.
小田 博志(2011)．文化人類学と質的研究　波平 惠美子(編) 文化人類学(第3版) (pp.25-49) 医学書院
岡本 夏木(2005)．幼児期――子どもは世界をどうつかむか　岩波書店
岡村 由紀子(2015)．子どもの遊びを育てる保育　本郷 一夫(編)　シードブック　障害児保

育　第3版(pp.106-122)　建帛社
Rogoff, B. (2003). *The cultural nature of human development.* New York: Oxford University Press.
　　(ロゴフ，B. 當眞 千賀子(訳)(2006)．文化的営みとしての発達――個人，世代，コミュニティ　新曜社)
須田　治(2017)．感情への自然主義的アプローチ――自閉症スペクトラムの発達支援　金子書房
吉川　和幸(2014)．私立幼稚園に在籍する特別な支援を要する幼児の個別の指導計画に記述される「目標」に関する研究　北海道大学大学院教育学研究院紀要, *120*, 23-43.

i　本引用は，ホルツマン（2009, 茂呂訳 2014）p168からである。原文の出典は，King, M. L. Jr (1967). *The role of the behavioral scientist in the civil rights movement.* APA Monitor Online (http://www.apa.org./monitor/jan99/king.html, accessed 10 September 2007) となっている。

ii　本事例は，永江（2017）および園内研修時の資料をもとに，原著者の了解を得て再構成した。

iii　本事例は，岡村（2015）をもとに，原著者の了解を得て再構成した。

第Ⅱ部
情動発達支援の方法論

第Ⅱ部　情動発達支援の方法論

第3章 支援を支える生態記述：行動観察と微視的分析

松熊　亮

1　はじめに：この章の位置づけと目的

　第Ⅰ部では，障害発達への視点や支援論が示されてきた。それらを踏まえると，私たちが行うべきは，日常的な文脈に現れる当事者の多様な個性や特徴を発達的観点でとらえ，本人にとって心地よい適応的生活の手助けを行う発達支援といえるだろう。次に必要となるのは，その実現に向けた実践の具体的方法である。すなわち，身体の情動調整に目を向け，1人の人間が日常生活のなかで心地よさを求めて探索する様子を把握し，そこから支援や障害理解につなげていく科学的方法をより具体的に論じること，これが第Ⅱ部の役割である。

　この第3章では，支援や研究のためのケース把握とデータ化の方法について論じる。そこで筆者は，日常における自然なふるまいから当事者の適応を理解する1つの方法となる，生態記述的観察を提案しようと思う。例えば須田（2017）が提案したのは，当事者の心身システムが，緊張を緩和し，快適を回復する自然な文脈を発見し，そこから彼らの情動や感情を支援する「自然主義的アプローチ」であった。筆者は，このアプローチの，あるがままの生態と情動に目を向ける視点を踏まえつつ，当事者の個性や適応の特徴を理解する方法を提案したい。このあとは，第2節でこの方法の方針・分析視点・データ化について理論的に論じ，その後の第3節で分析の実例を示す構成をとることにしよう。

2 個を尊重した支援や研究のための生態記述とは

(1) 社会的つながりを作ろうとするからだの過程としての発達

　筆者は，自然主義的アプローチの視点も踏まえつつ，ロシア心理学者ヴィゴツキー（Vygotsky, L. S.）の発達理論に依拠することで，具体的な観察の方法を提案する。ヴィゴツキー理論に依拠する理由は，この理論が，定型発達及び障害発達を包括的に捉える俯瞰的な発達の視点と，日常における個人のふるまいの分析に有用な観察の着眼点を含むからである。まずは，ヴィゴツキー理論を簡単に紹介し，本章の生態記述の基本的方針と観察視点を確認していこう。

　ヴィゴツキーの理論は文化‐歴史的発達理論とも呼ばれ，個体の生物学的身体の過程と，社会的コミュニケーションのなかで個体がことばや文化的手段を取り入れる過程という，2つのプロセスの交錯から人間発達を理解することが特徴である。彼は，意識や思考をはじめとする人間特有の心理や行動を高次精神機能と呼び，それは個体が生まれながらにもつ生物性と，社会的文脈を通じて取り込んだ文化的手段の結晶であるとした（ヴィゴツキー　柴田監訳，2005）。人間発達の源泉は，個々人がやりとりや活動を行う自然な日常生活であり，発達の中心は，適応を目指して周囲から手段を取り入れる身体のプロセスなのである。

　彼の理論は，個人の発達を，生身の身体をもった生物学的個体が，他者と協働的に生きていくバランスを求めて，周囲からものを取り込みながら行動のしかたを変えていく，探索的で創造的なプロセスとして理解する視点を与えてくれる。また彼は，私たちの行動を，身体が達成する適応機能と，そのときに用いられている文化的な媒介手段との，二重の観点から理解する分析を提案した。この分析単位は，生態記述の際の日常観察の視点として利用することができる。

　ヴィゴツキー（柴田監訳，2005）は，この生物性と社会的コミュニケーションからなる発達の法則を，定型発達と障害発達どちらにも共通するものとしていた。だからこそ，障害発達では，生物学的機能不全をもつ身体と，多くの定型発達への適合性ゆえに継承されてきた文化的手段の間に，不一致や食い違いが生じうる。ゆえに，障害をもつ個人の発達においては，障害そのものに起因

する困難に加え、定型とは異なる適応形態への発達や、発達の回り道の必要が生じるのである。

　ヴィゴツキーが生きていたのは、自閉症などが発見される以前の1930年頃であり、彼が障害と言うときは視聴覚や運動機能の障害、知的障害が想定されている。しかし、生物学的限界と文化的発達という二重の観点からの説明は、脳の神経系などの生物学的機構に起因するとされている自閉症スペクトラム障害や注意欠陥多動性障害、学習障害を含む現在の障害理解にもつながるものであろう。では私たちは、より具体的には当事者の個性や発達にどう接近すればよいのだろうか？　次はそれを、ヴィゴツキーが1931年に行った知的障害に関する報告を引用し、明確化しようと思う。

（2）制約を包み込んだバランスを探索する過程として障害発達をとらえる

　ヴィゴツキーは、1931年の報告で「障害児は、ある欠陥や障害だけからなるのではなく、その子どもの生活全体が再構造化されているのである。その人格は全体として、子どもの発達過程で均衡化され、補償される」と改めて述べた（ヴィゴツキー　柴田・宮坂訳、2006、p.140）。彼が確認したのは、障害は当事者に困難を生む確かな生物学的限界であるが、障害を抱える人々にも、その困難を前提にして多様な個性の発達が自然に生まれてくるのだという前提である。

　「補償」とは、欠けている部分を無理に埋めたり、無視することではなく、部分を他の何かで代替したり、全体で包みこんでいくというイメージで理解してほしい。障害は、当事者の発達に確かに生物学的な限界をもたらすが、部分的な機能不全を抱える身体は、決して活動をやめるわけではない。当事者たちの身体は、やはり何らかの形で自分が生きている社会的環境に心地よくとどまるバランスを作ろうと自然と働くのであり、それが結果的に障害それ自体にのみ決定されない、多様な人格や個性の発達を生むのである。

　さらにヴィゴツキーは「病気の過程は〈略〉、一方では機能障害の徴候であり、他方では障害と生活体との闘いの徴候である。〈略〉発達における障害の見地からと、発達過程の補償作用の見地からアプローチしなければ、その子どもについて、完全な、正しい、適切な理解は得られない」と続ける（ヴィゴツキー　柴田・宮坂訳、2006、p.140）。ここで述べられているのは、当事者や障

害の理解には，障害そのものの原因や身体への影響に加え，ある障害の影響下で個人が他者や社会と関わるやり方を作るプロセスもまた，把握する必要があるということである。つまり，障害そのものの原因や特性の存在を認めながら，何らかの確認可能な具体的事実に基づいて，障害を抱えた当事者の生活的適応に関する仮説を報告することは，障害に対する生活体の補償作用や，多様な障害発達の背景にあるメカニズムを発見していく科学的営みになりえるということである。

　須田（2017）の自然主義的アプローチや須田の生態記述は，まさにヴィゴツキーが言うところの「発達過程の補償作用の見地」から出発するものだろう。重視するのは，自然な生活的状況で生じる当事者の情動，感情であり，それが心地よく整えられた状態はどうしたら生まれるかである。筆者らは，そのような当事者の適応の様子に，機能性と手段に目を向けるヴィゴツキーの分析視点によって接近を試みるわけである。つまり，情動調整という機能性と，それが達成されるときのことばや手段に目を向けた分析を行い，それによって，心地よさを目指すところに見出される当事者の適応パターン，すなわち個性の把握を目指すのが，筆者らの提案する生態記述的観察の方針と観察視点である。

（3）自然な生活場面の具体的ふるまいをデータ化してとらえる

　ここまでは，ヴィゴツキー理論を通じて本章の方法論の基本的方針と観察視点を確認した。次に論じるのは，支援や日常場面から，科学的議論に資する「データ」をどのように作るかである。須田（2017）や第Ⅰ部の内容を踏まえるならば，「科学的」とは，すでに流通している何らかの権威的理論や方法にただ追従することではなく，もちろん支援者や研究者の直感や主観のみに基づく理解ということでもない。ここでいう「科学的」とは，互いに確認可能な事実に基づいて探索的・対話的に障害や発達を理解していくことを指す。つまり，支援や研究のためのデータ化とは，第三者にも具体的事実として理解可能な記述をどのように作っていくかということだといえるだろう。

　筆者が行っているのは「自然観察法」（中澤・大野木・南編著，1997）という行動観察法を利用した活動の微視的分析である。微視的分析とは，個々人が行う細かなふるまいの事実や機能に目を向けていくことだと理解してほしい。こ

のとき，データ化の出発点となるのは，「実際にあったものは何か」を示すカテゴリー（分類）を作成し，出来事や当事者のふるまいを整理することである。特定の文脈や場面における事実は，カテゴリーの生起の有無，頻度によって確認される。共有可能な事実をデータで示すポイントは，具体性のあるレベルでカテゴリーを作ることである。カテゴリーで抽出された行動は，当事者がその場で何を達成しているか（機能性）を，文脈に即して考察することで仮説につながる。データに基づく推論に方向付けを与えるのが各分析者の理論であり，筆者の場合は，すでに確認した基本的方針と分析視点がそこに入ってくるわけである。

また丁寧な当事者理解は，繰り返し見られる行動のパターンや，観察された表面的行動の裏にある特徴を理解していくことでなされる。それには縦断的方法をとりながら，データによる仮説生成を繰り返すことである。個人の様子を何度も見なおし，長期的に見受けられる一貫性を見出すことが，当事者の適応的生活や発達の方向性，「その人らしさ」をより適切に考えることにつながる。

まとめると，筆者の生態記述的観察法は，（1）基本的方針：障害特定や問題行動の抽出ではなく，機能不全を補い，包み込もうとする全体的発達を反映した当事者の個性把握を目指す，（2）分析視点：本人が心地よいと感じる自然な活動やコミュニケーションを探し，その心地よさを可能にする手段ややりとりを具体的にとらえる，（3）データ化の手続き：当事者の活動手段や具体的なふるまいを有無や頻度からデータ化し，当事者の適応や発達の特徴に関する仮説を提出する，というものである。次節では，これを実際の子どもの個性の分析に適用してみることにしよう。

3 観察法によるケース記述：その子どもの特徴を知る方法として

（1）ミツバチくんの特徴と支援方針

今回，保護者の方の許諾を得て，事例として示すのは，通常級に通うミツバチくん（仮）という男の子である。彼を事例として選んだ理由は，周囲が活動の影にあるこだわりを含めて個性を深く理解することで，状態や発達が支えら

れる子どものケースがあることも示したいと考えたからである。そのようなケースを支える実践の手がかりとして，本章の生態記述的な観察がどのように利用できるかを，この事例分析を通じて例示していきたいと思う。

筆者がミツバチくんと出会ったのは，須田（2017）の「発達サポート室」であり，今回分析するのもそこでの支援活動の様子である。文脈理解のために，まずは発達サポート室について簡単に説明する。発達サポート室では，基本的に支援者2人が1人の子どもに対応し，スーパーバイザーが並行して親面接を行った。子どもの支援では，リラックスできる日常的空間と自然なやりとりを重視し，活動内容も本人の困難や状態に合わせてその都度提案していた。例えば，過度な緊張が慢性化している情緒的困難が強いケースでは，本人の好きな遊びを行いながら，落ち着いた情動状態を作ることをゴールにした。また落ち着いているケースならば，本人が心地よく自分なりの社会性やイメージを育めるお芝居や創作活動などを提案した。分析するミツバチくんの活動は，後者である。

ミツバチくんは，来室した低学年時は発話量や語彙が少なく，話し方がぎこちない子どもであった。また漢字の形態，町の乗り物の細かい構造や模様などに強い興味をもち，それをクイズ形式で報告したり，積み木や絵で詳細に再現する遊びを好んだ。また，遊びには支援者を巻き込み，知識を褒められるとはにかむ社交的な様子もあった。初期には広汎性発達障害の疑いもあったが，彼のふるまいやものへのこだわり方はマイルドだったため，障害の特定それ自体を問題にするよりも，「この子らしい発達をどうしたら支えていけるか」を課題とした支援が，発達サポート室では行われた。通常級にも時々いる，ものの知識への興味が強く，言葉が控えめで，人懐っこい子どもだと考えてほしい。

（2）ミツバチくんの飛行機作り活動の分析方法

今回は，ミツバチくんの個性や特徴を改めて把握するために，彼が5年生のときに行ったペーパークラフトの飛行機作りを中心にした支援セッションを観察してみよう。この活動は，彼が飛行機の構造や模様に興味をもっていたことから提案されたもので，子どもと支援者がいっしょに厚紙に印刷された型を組み立て，絵の具・シールで彩色しながら，飛行機を作った。支援は月1回程度

で，飛行機が完成するまでに，6回のセッションが費やされた。ミツバチくんは，毎回材料を見てはしゃぎ，「（時間が経つの）早いよ！」と発言するなど，楽しそうな様子を見せていた。飛行機も完成後は大事に持ち帰っていった。

　今回は，ビデオで記録した飛行機作り初回と最終回（6回目）のセッションにおける，ミツバチくんと支援者の飛行機作りへの取り組み方をカテゴリーで可視化し，後からより詳細な様子も加えてみることにした。1回の支援は60〜80分程度だったので，支援開始から6分ごとの時点の子どもと支援者の具体的行動をカテゴリーで分類して，各セッション1時間の様子を概観することにした。時間ごとに区切って，行動の生起をカウントする観察技法は「タイムサンプリング（時間見本法）」という。支援における子どもと支援者の行動は，紙を切り貼りする「工作」，マークや模様を書く「描画」，色を塗る「彩色」，準備や手伝いの「準備・補助」，手を止めて会話をする「雑談」に分類した。また，飛行機作りから離れた行動は，くすぐりあいやごっこ遊びなどをする「じゃれあい」と，どれにも当てはまらない「その他」に分類した。

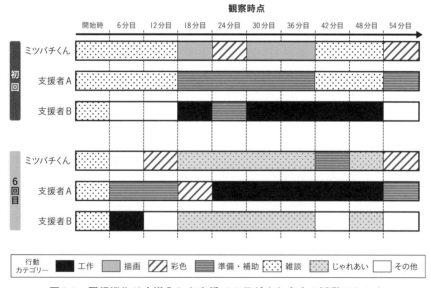

図3-1　飛行機作りを導入した支援での子どもと大人の活動のしかた

6分ごとの様子を行動カテゴリーでチェックし，各セッションの支援開始から1時間の様子を示したものが，図3-1である。初回の様子を見てみると，ミツバチくんが実際に作業をしたのは50％だけで，残りの時間は雑談に使われていたことがわかる。それも，彼がするのは「描画」と「彩色」だけで，ペーパークラフトの組立（「工作」）は支援者B任せである。では彼がこの活動への取り組み方が弱かったかというとそうではない。模様を描くときは定規を使って線を引き，彩色のときは筆をペンキ刷毛のように使って，ゆっくり丁寧に塗っていた。また「雑談」中のミツバチくんは，「もっとこういう模様にしたい」と積極的にプランを提案し，でき上がった翼の部品を眺めてはうっとりしていた。

6回目も，「雑談」と「じゃれあい」の割合が60％を占めており，やはりやりとりに多くの時間が割かれていることがわかる。ミツバチくんは支援者Bとくすぐりあいやごっこ遊びをし，必要なときだけ「彩色」(20％)や「補助」(10％)に戻っている。作業中は笑顔が消え，真剣そのものであった。細かく見るとミツバチくんは，支援者Aの「これでいい？」とか「できたよ」といった報告をよく聞いており，まるで現場監督やチーフデザイナーのようでもあった。

(3) 事例分析を通じて確認されるミツバチくん「らしさ」

今回の分析は2セッションのミツバチくんや支援者の行動を概観し，具体的な様子の記述を少し加えただけである。これだけでも，作業に1人没頭するよりむしろ，他人の力を借りながらものを作ることや，他人とやりとりすることを好む，彼の様子が見えてくる。この子にとって飛行機作りは，単なるものへの没入ではなく，コミュニケーションやイメージを膨らませるための基盤であったと考えられる。雑談では，飛行機から連想される空想や，「パイロット」や「建築家」などの将来像を語った。また初回は散発的だった「じゃれあい」も，戻る文脈がはっきりしたことでより安定的に生まれるようになった。

また，細かく見ると，ミツバチくんは自身の得手不得手には敏感で，「工作」は自分のこだわりに手がついていかないため，きれいにできる大人に任せていたようだった。一度も「工作」はせずとも，「描画」や「彩色」には真剣に取り組む様子からは，彼が土台作りを周囲に担ってもらいながら細部の仕上げにこだわることで，自分のできる事を深めていこうとしているようにも見えた。

また支援当初からあった様子と重ねると，視覚的な仕上がりに緻密さを求め，具体物や画像を使うやりとりのなかで楽しそうにする様子は一貫している。つまり，精緻な視覚イメージに比べ，音声言語の利用が相対的に弱いというバランスも，特徴として浮かび上がってくるわけである。このようにまとめていくと，コミュニケーションや創造性の媒介に視覚的イメージを強く利用し，そのなかでは情緒的に他者と関わろうとするミツバチくんの個性が見えてきたかと思う。子どもは自らを認められる柔らかい理解をもった周囲や活動のなかでは，自発的に生き生きと発達しうるということが，改めて理解できる事例だともいえるだろう。一方，言語的説明や段階的カリキュラム型が過度に重視される場面では，自信を失ってしまう可能性も考えられた。今回の観察と分析を通じて浮かび上がってきたのは，「イメージを具体化する画像的手段や文脈」や「ものづくりなどを通じて心地よくやりとりできる関係」によって，彼の発達を支えていくという，長期にわたる支援の展望といえるであろう。

4　さいごに：生態記述的観察のポイントと役割

　この章の役割は，当事者の多様な個性や特徴の理解を含む支援や研究のためのデータ化の方法について論じることであった。生態記述で重要なのは，当事者個人の個性を把握するための観察者の視点（分析方針と観察視点）と，共有可能なデータの構築である。第3章のやり方こそが唯一の生態記述，個性把握方法というわけではない。第Ⅰ部の議論を踏まえれば，教室や面接室も観察場面となりうるし，本章で論じたデータのポイントを押さえれば，他の理論的観点に立った観察やことばを対象とした分析を考えることもできる。
　筆者が論じた日常的文脈における情動調整的機能と媒介手段に目を向ける観察は，1つの具体的提案である。これは，個性把握を目的としているため，ミツバチくんのように，障害の典型的特徴が見えづらい当事者にも使うことができる。実践においては当事者の長期的支援や生活的適応のための環境などを考える際に手がかりとなりうるだろう。また一方で，この接近法は万能ではなく，その他の方法による障害そのものの科学的理解もやはり同時に必要である。障害特性の理解を他の方法で進めつつ，当事者が生き生きと発達できる状況を考

えるために生態記述を行う，これが支援や障害発達理解に必要なことである。

【引用・参考文献】
中澤　潤・大野木 裕明・南　博文(編著)(1997)．心理学マニュアル——観察法　北大路書房
須田　治(2017)．感情への自然主義的アプローチ——自閉症スペクトラムへの発達支援　金子書房
ヴィゴツキー, L. S.(著)　柴田 義松(監訳)(2005)．文化的-歴史的精神発達の理論　学文社
ヴィゴツキー, L. S.(著)　柴田 義松・宮坂 琇子(訳)(2006)．ヴィゴツキー　障害児発達・教育論集　新読書社

第Ⅱ部　情動発達支援の方法論

第4章 ASDケースの情動への自然指向的支援論

須田　治

1　心身調整の支援方法を探る

　ネマキくん（仮名；男児）は，幼児期に一時的にパニックや暴力で混乱が続いた。この子どもの情動的な問題，すなわちこだわり，喚起上昇，パニック，攻撃がどのように軽減したのかを記述する。来室時幼稚園5歳から小学校通常級入学までの期間20ヵ月（26回の支援セッション）の変化をとらえてみた。

仮説探索的な方法へ

　筆者は，ヒトの発達では，（1）喚起が心身によい状態になるように調整がなされることが重要であるととらえ，それによって（2）情動や感情体験の変化が，怒りや怖れや不安などを対象化することができ，少しは解放され，自由に社会的活動も思索も回復できると考えている。つまりASDの人びとへの支援では，この情動の調整がキーではないかと考えている。過剰な喚起（overactivation）や不安から抜け出て，穏やかな心身生活を拡げること，つまり静かな情動の質が生まれることにより，孤独であっても崇高な生のうちの自己を観想することができることとか，そもそも生きる質を求めるための過程だと思うのである。

　しかしわたしたちの科学的探究力には限りがある。それは重要なことであり，発達変化に隠れた要因のすべてを検証できるものではない。それゆえ支援とは，科学的に検証できない部分も含めて，縦断的な発達変化などを介して，困難の軽減過程を求めるのである。わたしたちはそれを「反証可能なデータ」として示すべきである。本章の仮説2では結果から検討を進める。

ASDケースの情動への自然指向的支援論　第4章

発達的仮説と支援によるリフレイミング

　このケースでみるのは，情動的な混乱の特徴と支援後のその変化であり，それは縦断的な変化をとらえることにより，情動機能の揺らぎや軽減も記述された。ネマキくんは，5歳時に激しいこだわりやパニックが続いた。小児精神科を受診し，アスペルガー症候群と診断され，「対応が難しい状態」とされて，筆者の大学の発達サポート室に来室した。来室ごとにネマキくんは1時間の男子大学院生とのプレイを行ったが，大学院生には侵入的な大人にならないように，また操作的な介入にならないように対応してもらった。結果的に，親子のコミュニケーションが喚起の調整として縦断的変化の原動力であったことが示された。

　仮説1は情動混乱の増悪の過程で，仮説2は改善のなかで推測できたことにかかわっている。

仮説1

　ネマキくんの場合，こだわりと喚起上昇（全身的な興奮）が相互的に活性化するサイクルになる。そこから派生的な強固な主張，怒り，攻撃化，泣き，パニックなどに連鎖する，つまりそのような流れに位相変化すると考えられる。その状態から抜け出したのは，母親のかかわり方の変化（分化強化）をきっかけとし，次第にそれに繋がる偶発的な機能連携を生み出したことと推測される。

　しかし喚起が穏やかになれば，つまりいったん喚起を鎮め平穏になれば，それ以降は，もう高い喚起に陥ったりしないのだろうか。それで感覚過敏やこだわりが二度と起こらないのだろうか。もし「リフレイミング」とでも呼ぶべき周辺条件を設けなければ，彼の感覚過敏やこだわりは，平衡を保ち続けることはできず，不安定な情動状態（揺らぎ）に返り，攻撃化が進むと推測される。そこで安定を持続させるためのリフレイミングが，その時点では気づかぬまま起こっていたことが推測される。

仮説2

　軽減サイクルは，身体的に快適をもたらしたと推測されたが，比較的落ち着

いた情動状態は，じきに不安定な揺らぎに移り，再び他の多くのケースと同じように戻るという可能性がある。偶然の気分転換に過ぎない状態から，「より生きやすい」行動の組織状態への変化は，その後の母子の日常の活動のなかで起こり，子どもの情動系の変化が起こったと考えられる。これを「リフレイミング」と呼ぶなら，これはたまたま達成した穏やかな状態を安定にするための母子やりとりパターンの再編と考えられる。支援は単に技法によって進むのではなく，母子相互作用などから教えられるものでもある。この「リフレイミング」は，母親が，その子どもがこだわりや攻撃化に戻ることから救おうとして行ってきた新しい枠組みづけ，情動の再組織化（リフレイミング）であり活動の生きた諸要素からとらえたものといえよう。

　情動のリフレイミングとは，人間発達が予めのプランによるわけではなく，むしろ自然な自己組織化（self-organization）と呼ぶことのできるような経過を追ってなされる再組織化の過程についての仮説である。この過程に必要なのは支援者のガイダンスの言葉であり，それが母親に見通しを与え，不安な気持ちに対して，子どもがこだわりを契機として喚起を再活性化することを避けるためのヒントを報告してもらうことで母親が確認できたりもする。

　支援後半では，ネマキくんは喚起を軽減し，穏やかに対応することを始め，結果的に感情的な「いま・ここ」の穏やかさを感じるようになっていった。その軽減の時間的な過程を確認するために，結果ではいくつかの期間に分けてプルーフ（検証）を示すことにする。

2　困難と軽減のしくみ

問　題

　本ケースでは，アスペルガー症候群といわれてきたネマキくんを取り上げる（現在では高機能の自閉症スペクトラム障害；ASDといわれる）。彼は，感覚的な偏り，こだわりからパニックを繰り返し，攻撃性を表出し，クリニックでも対応が難しいということで大学の発達サポート室に来室した。報告の目的は，子どものパニックやこだわりがどう変化したか，なかでも子どもの母親への攻

撃性がどう変化したのかを示すことにある。家庭でのその子の変化をとらえた母親の報告と，プレイルームでの子ども自身の自由遊びでの情動行動の変化をとらえることで，その間の母親へのガイダンスを繰り返していった。アスペルガー症候群の発達では，情動のはたらきに，いくつかの調整の問題があると考えられる。すなわち，喚起（arousal）過剰活性化，情動的コミュニケーションの困難，感情的体験における弱さなどは，いずれも彼らの孤立や社会性の困難にかかわると考えられる（須田，2017）。

このうち喚起とは，「活気感の強さ」である（Lydon, Healy, & Dwyer, 2013）。これは心拍や血圧や注意のレベルのような生理的な全体的活性にかかわるものが指標ともいえるし，情動に局所的に把握されうる指標ともいえる。研究史をみると，ASDの喚起の高過ぎや低過ぎがどちらも問題行動の背景にあると考えられてきた。ちなみに上記のライドンら（Lydon et al., 2013）や米村・生和（1989）は，心拍を用いて，またハットら（Hutt, Hutt, Lee, & Ounsted, 1965）は，脳波を用いて，ASDの人びとが健常者群よりも高い喚起を示すことを報告している。また「皮膚電気活動（EDA）」を用い測った結果として，ASDが健常者よりも喚起度が高く，不安の高いことを明らかにしている（Panju, Brian, Dupuis, Anagnostou, & Kushkl, 2015）。

従来，反復反応（常同反応），自己刺激，目そらしなどが，高喚起を軽減するために機能していると推測もされてきた。さらにASDでは，不安や，攻撃行動も起こしているとともに，喚起の高まりがあり，感覚的な異常な高まりとか，注意の著しい集中があるともされている（Liss, Saulnier, Fein, & Kinsbourne, 2006）。つまり研究では，ASDの大人や子どもが，不安，警戒心（vigilance）が高いという特徴をとらえてきたといえる。あるいはまたASDのケースでは，情動的な調整として，こだわり・強迫的行動をも指しているという（Jacob, Landeros-Weisenberger, & Leckman, 2009）。本ケースでは，感覚的な味覚へのこだわりを中心にして，こだわりへの要求を繰り返し，喚起上昇し，興奮しパニックになり，あるいは暴力化をすすめていた位相変化が想定され，それへの対応の2年間の過程を研究した。

本研究では，母親が認識してきた子どもの変化の報告を介して分析し，また毎回のセッションで1時間余りのプレイルームでの，支援者による子どものイ

ニシアティヴでの遊びをビデオ録画している。その発達変化のデータも，子どもの適応状態の変化としてとらえ，それらを2年間の発達として分析している。

方法

対象児　このネマキくんは，児童精神科クリニックと，発達障害を専門とした病院とで独立して二度「アスペルガー症候群」と診断された。最後の医療的な診断は4歳8ヶ月時点である。本ケースは，知的遅れ，言語的な遅れのないケースであり，味覚過敏へのこだわりなどが，母親への攻撃行動を生み出していた。

アスペルガー症候群診断インタビュー（ASDI）

10年前の支援ではあるが，当時はASDIという指標を用い，ネマキくんの行動特徴を直接観察と母親の説明によって，アスペルガー症候群であることをとらえた（Gillberg, Gillberg, Rastam, & Wentz, 2001）。来室から5歳7ヶ月時までの数回の観察もチェック項目の一部を確認している。その結果，社会的相互作用の困難には4問中4つの該当，没入的狭い関心では3問中3つの該当，生活上の決まりへのこだわりでは2問中2つの該当であった。すなわちDSM-5のASDに該当していた。話しことばのピッチ異常などは，該当していない。

K-ABC検査　4歳8ヶ月の段階でK-ABC検査を行っているが，知的発達に問題はみられない。継次処理得点113点，同時処理得点112点，認知処理過程得点114点であり，習得度得点104点であった。

支援方法と経過　大学の発達サポート室にネマキくんが訪れたのは，5歳2ヶ月幼稚園年中のときである。強いパニックが頻発し，家族生活的に危険な事態であった。それから20ヶ月間，26回，およそ2週に1度から4週に1度の支援セッションを1時間設けた。各支援セッションを，セッション番号で定義している（表4-1，4-2）。プレイルームでは子どもには青年男性の支援者が，子どもの主導性に応じて緊張しないでよいように，安全な環境であるようにと助言をした。並行して母親には，別室で支援としてのガイダンスを行い，母親には障

第4章 ASDケースの情動への自然指向的支援論

害にかかわるカウンセリング的な整理をいくぶんかはすすめられた。

母親からの問題行動の報告　母親から具体的な内容の報告を得た。すなわち（1）情動の喚起，その鎮静化，（2）こだわり，繰り返しの主張，それがなくなること，（3）攻撃，パニックの生起，またはその軽減，（4）対応としての母親の行動（スキンシップなど）の日常を記録してもらった。

ビデオの微視的分析　プレイルームにおけるプレイの場面での対象児の行動変化をビデオ録画し，後日微視的分析を行った。各回の観察支援を「セッション」と呼び，そのビデオより，セッション開始に近い画面の6分間を，その日の定常状態ととらえ分析した。支援セッションのうち最初の18回分，支援開始から12ヶ月間の変化を解析した。分析は，行動コーディング・ソフト（DKH社製 Behavior coding system）を用い，10分の1秒単位で図4-1と図4-2の解析を行った。行動の微視的分析では，行動カテゴリー「scream（叫びの音色）」と「からだの無目的な動き」の定義を修正して，それぞれの測定上の一致率が80パーセントまたはそれ以上であることを確認している（図4-1，図4-2）。

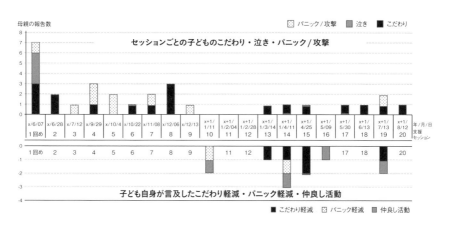

図4-1　ネマキくんの喚起上昇；こだわり・泣き・パニック/攻撃の変化
支援セッション1〜20まで（1年2ヶ月）での変化。母親の報告にもとづく。図の下半分には，子ども自身の困難軽減への言及も報告されている。

その後の経過　支援の終了後，約10年のちに，その後の経過を尋ね，報告への承諾を得ている。彼は小，中学以降，普通級でいじめ，不登校があり危機を経験している。現在も人とのコミュニケーションは苦手であるが，学校での彼の理数系での卓抜な知性により尊重され，彼は救われたようになっている。家族との関係も母親は豊かであると評価している。

結果と考察

（1）感覚過敏，こだわり，パニック，攻撃性の変化と支援の経過

母親の報告を内容分析して，ネマキくんの感覚過敏，こだわり，パニック，攻撃性の報告数の変化を表にまとめた（表4-1〜4-3）。発達サポート室に来室した日付と，支援セッション（1〜20回め）によってまとめている。その分析カテゴリーは，①こだわり（または繰り返される要求，反復への要求），②泣き，または③攻撃・パニックの表出という困難の増悪への情動の第一の位相変化系列である。また困難の軽減を示す情動の第二の位相変化系列は，④こだわりの軽減についての子どもの発話，⑤パニック軽減についての母親の報告，⑥仲良しになったエピソードについての母親の報告である。図4-1にその経過を示した。これらを介して喚起上昇のようすがとらえられる。

セッション1〜4（3ヶ月半位まで）

多頻度で感覚上の味の偏向がこだわりを形づくり，喚起の上昇，人への怒り

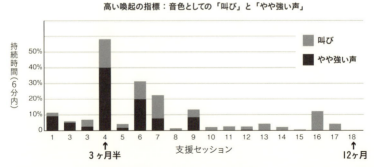

図4-2　ネマキくんの高い喚起の指標：音色としての「叫び」と「やや強い声」．支援セッション1〜18まで（約1年間）のビデオ分析の結果。

の表明という連鎖（位相変化）を母親は報告している。セッション1，2回目において子どもはその流れを習慣化している（セッション2：幼稚園での泣き。あるいは母親がトイレに逃げる，戸を叩き続ける）。そしてセッション4（3ヶ月半経過）に至って母親は，ネマキくんの様子を見て，距離化できるようになった。この変化をとらえた行動上の微視的分析の結果，すなわち図4-1，4-2の上昇ともほぼ一致していた。

　ネマキくんが初めて来室したときから攻撃的なパニックは家で頻発していたということであった。セッション1と2では，母親が，子どもが大泣きしているときに抱きしめて和解し，「ごめんね」と言って抱きしめるという対応があることがわかった。母親のこのスキンシップが，「こだわりから喚起上昇さらには攻撃化，そしてパニック」という位相変化を形づくっていると推測し，母親にはその説明をし，母親のスキンシップは子どもが落ち着いているときだけにすることを助言した。

（2）喚起にかかわって起こる「増悪のフェーズ」についての検証
　報告による問題行動の把握は，信頼性においてやや弱いわけであるから，はたしてこだわりから喚起の高まりがあり，攻撃やパニックになったのかどうかを元データに戻り確認することが適切として検討を行った。母親の報告の一部分を以下に引用する。
　ネマキくんは味覚の偏好があり，こだわりにより主張を固着する傾向があった。たとえば食べ物に次々とマヨネーズをかけ，野菜をほとんど食べないなど（セッション1）。また活性化したこだわりは，ネマキくんの母親への主張になっていた。たとえば，コップのジュースの量が線とは違うと母親にパニックとか（セッション2），パンに塗るバターの塗り方が気に食わないと母親にパニックなどである（セッション4）。しかし分化強化をきっかけとして，子どもの苛立ち（情動的な高喚起）から，要求の対象である母親を切り離したことが推測できる。それでもたとえば出かけるときに切り替えがきかず，トラブルになることもあるが（セッション13），ネマキくんのことばは，母親をねらった要求をパニックとして出さなくなったと考えられる（セッション14，15，19）。

（3）こだわりや攻撃の減少という「軽減のフェーズ」についての検証

セッション10～18（12ヶ月経過まで）

　関係的な和解が出ている（セッション10, 13, 14）。またこだわり，偏食がない状態のことをネマキくんは発言している（セッション15）。こだわりのない自分について話していたネマキくんについて，母親は報告するようになる（セッション13, 14）。セッション13のように靴下の履き方に，右からというこだわりを見せないようになったり，本当になくしたかどうかはわからないにしても，少なくとも母親にこだわりを突きつける行動組織化は，質を変えたと見ることができるのではないだろうか。さらにセッション14では，春休みに遊びに来た友だちが，ネマキくんのコップで飲んだ際に，ネマキくんはそれを求めこだわって泣いたが，激しく騒ぐことはなかったという。

　その反面，個人内でセッション10以降もASD固有の問題は残っているといえる。これまでのような母親に向けられた攻撃とは異なる質のものといえよう。たとえばセッション13のように，劇のときにインフルエンザの子が多くてどうしようかと言うと，「別のグループから呼べばいい」ということや，セッション18のように「みんな嫌いだ」と発言するなど，他者をとらえる彼の公共心や理解にいくぶんかの弱さがあることや，ならびにオネショという自己身体感覚的発達の問題がセッション2, 12, 13, 15, 19で見られた。

セッション18（12ヶ月経過）～26（支援開始後2年8ヶ月）

　図4-1にはセッション20までしか記載されていないが，その後は味覚の偏向，こだわり，パニックは，減っている。そしてネマキくんがパニックを起こしたのは，セッション21（1年4ヶ月後）が最後であり，セッション23（1年5ヶ月後），25（1年7ヶ月後）にはパニックはなくなっている。

（4）ビデオ分析による検証：声の音色…「叫び」と「やや強い情動的声」

　ビデオの微視的分析では，喚起は行動指標として用いられてきた（たとえばWolff, 1987）。しかしネマキくんが家庭にいたときの報告は，攻撃的行動そのものを確かめているが，発達サポート室では，パニックや攻撃を表そうとしない。

表4-1 セッション♯1(6/7)〜♯6(10/22) 食物へのこだわりから怒りへ

マヨネーズかけたい	→父がガッとかけ	→ネマキくんは激昂。
ピザの袋を母が開け	→ネマキくんが激昂。	
父が怒ると	→ピザを投げつける。	

チョコやマヨネーズへの編好。果物，野菜は決して食べない。

朝，パンに母がバターをこっちに塗ったとネマキくんは言って泣き出す。

表4-2 セッション♯3(7/12)〜♯8(12/6) 関係へのこだわりから攻撃/パニックへ

友だちと身体的遊びで力のある子を叩き，怒らせた。

母の言い間違いに対しネマキくんは叩く。

友だちとの間の主導権を主張しネマキくんはパニック。

妹と母がお風呂に入っていると，ネマキくんはガラスを強く蹴る。

父に遊んで遊んでと言い，両親とも放っておいた。ネマキくんはパニックになった。

上の公園に行くと父と合意，やはり下の公園に行きたいとネマキくんはこだわる。

幼稚園の展示会で，ネマキくんは部屋を回る順番に強くこだわって，主張を続けた。にもかかわらず親子3人はレストランに行った。入り口でここには入らないと言って主張を繰り返し，喚起を高めパニックになりそうであった。そのときチャイムが鳴り，母親が「あ12時だ。12時はご飯だよ」と言ったら，「そうか，ご飯か？」と言って，ネマキくんは緊張を高めていたのにすんなり食事に入った。

表4-3 セッション♯13(3/14)〜♯15(4/25) とくにこだわりの軽減

「靴下も靴も右からじゃなくても，よくなった」とネマキくんは言った。

今まで母はパニックになるから叱れなかった。でもハンガーを壊したネマキくんが嘘をついたので，叱った。「僕が壊しちゃった」と泣いた。

春休み中に友だちが来て，ネマキくんのコップで飲んでしまった。「いやだこっちがいい」と泣いたが，騒がなかった。

神経衰弱で，ちゃんと並べないとダメだが，勝たなくても友だち3人とやれるようになった。「友だちが一緒じゃないと楽しくないなー」とネマキくんは言う。

自分でも意識して「あー僕こだわりなくなったんだ」「こだわりがないって楽しいね」とネマキくんは言う。

「こだわりがないって楽しいね」と自分で意識している。車のCDなど途中から始まるとこれまでネマキくんは，頭を抱えていたが，最近では「あ，いいか別に」と平気になった。

そこで叫びのデータにより，喚起が高い傾向にあることを確かめることにする。図4-2では，声のトーンのなかから「強い叫び」をとらえた。これには高い情動喚起が推測される。行動指標としては，「叫び」にはその行動文脈では普通はなされない強い音色といえ，「やや強い声」とは前者より弱い音色であるが，これらは興奮の度合いが高いことでカウントされている。図4-2では，ネマキくんの発達サポートでの支援セッション1〜18（12ヶ月後）までの情動的な声の出現特徴を基準点から6分間のうちの出現時間総計をとっている。図4-2では，「叫び」（黒色）と「やや強い声」（灰色）のセッション開始からセッション18までを表している。図4-2では，セッション1からいったん増加したのちに，3ヶ月半間で「叫び」が減少しているといえそうである。以降，開始後セッション16，つまり12ヶ月で「叫び」は軽減している。

（5）ビデオ分析による検証：動作…「からだの無目的な動き」

図4-3もビデオの微視的分析である。この行動指標「からだの無目的な動き」は，からだの動きが合目的的な動作ではなく，不安定な無目的な動きを指しているが，体幹と視線の方向の目的性を判断している。これも情動喚起の上昇をとらえようとしたものである。図4-3の結果でもやはり，いったん増加したのちに前半期セッション7（支援開始から5ヶ月）で沈静化したといえる。

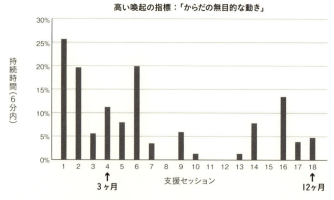

図4-3 ネマキくんの高い喚起の指標：「からだの無目的な動き」．支援セッション1〜18まで（約1年間）のビデオ分析の結果．

総合考察

　この事例では，「個人内で働く」感覚的偏向とか感覚・情動的喚起の昂進（overactivation）が，その子の主張性を高めて対人的なやりとりにもこだわりとして表出されていた。喚起があがるとパニックや攻撃へと繋がってしまい，仮説1で位相変化としてとらえたように，喚起の興奮とか対人的な怒りに繋がるような要求の先鋭化として観察されていた。支援初回から数回のセッションでは，この特徴が母親を危機にさらすほどの状態であった。母親への攻撃は，エネルギーの放出が母親向けになったことと，それを母親が抱きしめていたということを分離しなければならなかった。

　むしろ子どもが落ち着いたときにスキンシップをすることが，おそらく母親自身をもっとも変えたことだろうと思われるが，それは子どもにとっても自分の情動の機能化を，自分の自在に振る舞える他者とのあいだで調整することを経験する機会になったと考えられる。

　仮説2では，まず不安定の再現の兆しが見えている。8回目のセッションでの出来事に見ることができる。ネマキくんは，幼稚園の展示会で，部屋を回る順番に強くこだわっていた。母親がリフレイミングを偶発的に始めている。

　その日両親は彼をレストランに連れて行った。ネマキくんは主張し，喚起を高めパニックになりそうであった。そのときチャイムが鳴り，母親が「あ，12時だ。12時はご飯だよ」と言ったら，「そうか，ご飯か？」と言って，ネマキくんはすんなり食事に入った。それで緊張を高めていたスイッチを切った。この偶然に見える過程では，予期していない興味，驚きによって，自分と他者との新たなかかわりの現実がやってきた。

　しかし仮説2の検証は，家庭での直接観察でもしないと，母親がどのようにネマキくんを支え，かつ生きる質を方向づけることをやってきたかは，推測するだけである。しかし本研究は，理論探索的な研究なので，情動のリフレイミングを説明するのが目的である。それが，僅かなきっかけによる変化だとしても，生命活動はそのような自然な自己組織化（ダイナミックシステム変化ともいう）を経て，変化の終着点に向かい，微細な条件を基として起こりうると考えられる。

リフレイミングとは，情動の変化がたとえ自然な内発的な自己調節的変化が起こっているとしても，その変化を平穏な安定状態（アトラクター）へと調整するような「自己組織化（self-organization）」を生む過程と考えられる。この場合は，母親による子どもへの「よくやったね」という言葉や姿勢が，情動を落ち着きやすく導いたと考えられる。昔ながらの説明にしても，喚起調整の一つのやり方だと考えられる。フォーゲル（Fogel, 1993）は，共感覚的なインタラクション（consensual framing of relationships）が，周辺条件に応じて身体的な変化などがきっかけで組織されるととらえている。

　しかしそもそも発達を対象とした支援には，不可避的に一部の本質は測り，検証することができない。そのことは発達支援が，生きている人間の実存にかかわるようなパラダイムのなかで行う活動であることを示唆している。「本質よりも実存が先行する」ということを踏まえた上で，支援はどうあるべきか，実践とは，どのような可能性があるかといえば，一つには親支援のあり方に目を向けることであるともいえるだろう。

　本研究のネマキくんのケースでは，パニックや攻撃性は減少し，こだわりもいくぶん弱まった。もちろん20ヶ月以降にもASD的な特徴は残るものの，支援最初期にみられた危機とは大きな違いがあるといえる。なお彼は10年後の現在でも，少し風変わりではあるが，クラスの皆から親しまれ，独自の知的な自信と家族の愛情により楽しく暮らしている。

付記1　研究協力いただいたご家族に感謝を申し上げます。論文化についての承諾を母親と母親を通して子どもからもいただいている。
付記2　発達サポート室での活動は，多くの大学院生の支えでプレイやビデオ録画や録音や，アセスメントを行っている。論文としてまとめることによって，援助をくださった多くの大学院生の思いを叶えたいと願っている。
付記3　科研費補助金の助成を受けている。研究代表者：須田治（2016）研究課題番号15K12133「アスペルガー症候群の感情へのガイダンス・カウンセリング法の開発」。
付記4　ビデオ観察の評定指標の信頼性　用いられた分析カテゴリーについて評定信頼性は得られている。

【文　献】

Gillberg, C., Gillberg, C., Rastam, M., & Wentz, E. (2001). The Asperger Syndrome (and High Functionning Autism) Diagnostic Interview (ASDI): A Primary Study of a New Structured Clinical interview. *Autism, 5*, 57-66.

Hutt, S. J., Hutt, C., Lee, D., & Ounsted, C. (1965). A behavioral and electroencephalographic study of autistic children. *Journal of Psychiatric Research, 3*, 181-198.

Jacob, S., Landeros-Weisenberger, A., & Leckman, J. F. (2009). Autism spectrum and obsessive-compulsive disorders: OC behaviors, phenotypes and genetics. *Autism, Res, 2(6)*, 293-311.

LeDoux, J. (1966). *The Emotional Brain: The Mysterious Underpinnings of Emotional Life.* New York: Brockman, Inc.
（ルドウ，J. 松本　元・川村　光毅（訳）(2003)．エモーショナル・ブレイン――情動の脳科学　東京大学出版会）

Liss, M., Saulnier, C., Fein, D., & Kinsbourne, M. (2006). Sensory and attention abnormalities in autistic spectrum disorders. *Autism, 10(2)*, 155-172.

Lydon, S., Healy, O., & Dwyer, M. (2013). An Examination of Heart Rate During Challenging Behavior in Autism Spectrum Disorder. *Journal of Developmental and Psysial Disabilities, 25*, 149-170.

Panju, S., Brian, J., Dupuis, A., Anagnostou, E., & Kushki, A. (2015). Atypical sympathetic arousal in children with autism spectrum disorder and its association with anxiety sympmatology. *Molecular Autism*, 6, 64. doi10. 1186/s13229-015-0057-5.

Redies, C., Hertel, N., & Hübner, C. A. (2012). Cadherins and neuropsychiatric disorders. *Brain Research, 1470*, 130-144.

関　雅美(1990)．ポパーの科学論と社会論　勁草書房

Sparrow, S. S., Cicchetti, D. V., & Balla, D. A. (2014). （日本版Vineland-Ⅱ　適応行動尺度　辻井 正次・村上　隆（監訳）　日本文化科学社）

須田　治(2017)．感情への自然主義的アプローチ――自閉症スペクトラムへの発達支援　金子書房

米村 あゆみ・生和 秀敏(1989)．自閉症の行動的な特徴と自律神経系の覚醒水準との対応についての検討（Ⅱ）――日中覚醒時と夜間睡眠時の心拍率の比較　広島大学総合科学部紀要Ⅲ, 情報行動科学研究, *13*, 91-98.

Wolf, P. H. (1987). *The development of behavioral states and expression of emotions in early infancy: New proposals for investigation.* Chicago: University of Chicago Press.

第Ⅲ部
情動発達への さまざまな 具体的な実践

III部のはじめに

須田　治

　III部では，発達支援の実践に経験のある専門職の方々に，それぞれ異なる接近法でASDだけでなく，境界例その他について研究を紹介していただいているが，ここではそれらを読むときのポイントについて触れる。

支援の具体像
　それぞれの研究は，方法論的にはかなり異なっている。しかし共通して縦断的な追跡的研究がなされており，そこには対象となる個人固有の気質や障害特徴，家族状況や周辺社会の状況について具体像が示されているとともに，支援経過からその方法論がどのような結果をもたらしたのかもわかるであろう。そこでもっとも重要なのは，支援のなかでの当事者（障害をもっているという人）の理解がどこまですすみ，内発的な人間的な変化がどうとらえられてきたかである。
　つまり心理学伝統の方法で把握されるもの，条件で2群分けして比較するという法則定立的研究ではとらえきれない具体像が，ここにはあるといえる。

妥当な支援へのヒント
　そもそも対象者の実践的な能動性と支援者の応答のあいだには，切り離しがたい相互依存影響がある。つまり，主観－客観の分化はむずかしい。支援研究とは，そのような相互作用的ダイナミズムと切り離しては成り立たないと考える。
　編者は，そういう視点をとっても，なお妥当な研究であるかどうかを科学的に議論することはできると考えている。ただしそれは要因論的に還元するのではなく，つまり要因に短絡的に結びつけるのではなく，「反証可能性のあるデータ」を呈示することにより，批判的合理性にもとづき検証の議論ができると考えるのである。科学哲学的にポパーが述べたとおりである。つまりデータの結果を踏まえると，情動がどのよう

な支援影響下で機能変化するかを，理論探索できるはずである。ケース研究が探求すべきことは，「変化の仮説」を探索して示すことだといえるだろう。

　もう一つ述べたいことは，ある程度の方法的な妥当性を維持しつつ，データ報告を蓄積していくことによって，発達支援の具体的な現実的な限界や支援方法選択の意義が見えてくるはずである。しかも，発達的事実の原因と結果は複雑な相互作用のなかで形づくられるとするなら，発達する主体により意味のある方法がどこにあるかを見直すべきと思われる。支援を内発的変化とのかかわりで考えるという自由教育的な文化の枠組みのなかでとらえることなどは，この領域が検討するべきことであろう。

　それぞれの支援研究では，制約のある時間のなかで，障害をもった主体にかかわっているといえ，変化とか生物的制約についての説明に異なるところを読みとっていただきたい。

第5章 現実的脱感作法を活用した不登校改善の試み

小野 學

● 問題と目的

　これまで不登校児の学校復帰支援はさまざまな心理的アプローチが試みられてきた。その中で不登校の改善に行動療法の諸技法を活用した指導方法は，他の療法に比べ比較的短期間で不登校状態の改善がみられることが報告されている（小林，1985；小野・小林，2000；奥田，2006など）。

　本事例では，不登校状態をレスポンデント条件付けされた不安行動の表れと捉えその解除を試みた。その際，不安階層表による自覚的不安尺度を用いて学校場面の不安強度を明確にし，それに基づき現実的脱感作法を適用し不安の低い場面から徐々に教室への復帰を試みた。

　さらに対人交流場面での回避行動を軽減するために「主張反応法」を用いた。「主張反応法」は，逆制止療法の1つであり「不安反応を誘発する刺激の存在下において，不安反応を完全あるいは部分的に抑制するような不安拮抗性の反応を起こさせることができるならば，これらの刺激と不安反応との結合力は減弱するであろう」とされている（Wolpe, 1958　金子監訳，1977）。

　さらに，教室への登校行動を促進するために，クラス内の対人交流環境の改善に保護者や教員と協働して取り組んだ事例である。

● 方　法

1 対象児

　公立小学校，通常学級第4学年に在籍する女児。

小学校4年生に進級した頃より，身体的訴えを伴わない理由不明の登校渋りが散見されるようになった。4月になり2/W～3/W回の不登校状態がみられた。登校できた日は，母親の付き添いで遅刻して登校している。担任の勧めで市の教育センターに相談したが担当心理士から「母子分離不安」の可能性があると言われ「ゆっくり休ませましょう」との指示を受けた。それまで登校できる日も多かっただけに，保護者や担任も心理士の評価に納得できず学校長に相談し校長の紹介で当相談室を訪れた。

（1）母親からの情報

　胎生期・周生期，幼児期は問題を感じなかった。おとなしく内気な子であるが，同年代の子と毎日近所でよく遊んでいた。2年生時に友人から故意に約束を破られたり，からかわれたりする等のいじめ行為を受けたことがある。

（2）対象児からの聞き取り

　面接時，対象児は「学校へは行きたいし先生も好きだ。毎晩学校へ行く準備をするが，学校へ行こうとすると怖くなってしまう。なぜ怖くなるのかわからない」「友だちと一緒にいたいが，何か言うと友だちにそれはだめよ！と否定されドキッとしてしまう」と述べた。

（3）学校からの情報

　おとなしい子で学習成績は中位である。授業中，自分の考えを発言することは少ない。仲の良い友人も2～3人おりおしゃべりをするが聞き手になっていることが多い。家族関係も安定しておりなぜ不登校になったのかわからない。

（4）支援期間

　201×年6月＋9ヶ月間。

2　問題の整理

　WISC-Ⅲの結果は平均域で群指数間の有意差はみられなかった。

　不登校は不安や恐れといった情動行動である。この情動行動はレスポンデント条件付けで形成されたと考えられる。

　小学校4年生の女児の年齢は，思春期に入り対象児周辺の対人関係は，加齢とともに複雑化してきていると思われる。自分の考えや気持ちを言葉で表現す

ることが苦手である対象児にとって,友人から意見を否定されることや微妙なコミュニケーションに加わることは難しく,徐々に疎外感をもっていった。そのため友人間(無条件刺激)での緊張状態が高まり,どうふるまってよいのかがわからなくなり不安強度が増加した(無条件反応:不安事態の生起)と思われる。その際,友人等の周辺には他の級友たちも存在していたはずである(中性刺激)。そこで本来不安を引き起こすはずのない級友や教室環境にも不安反応が生起するようになり,刺激の般化を生じた(条件刺激)。その結果として不安事態が生起し(条件反応),不登校状態というレスポンデント行動が形成されたと考えた(図5-1)。

①友人間で上手く交流できず不安に陥った対象児が感じた嫌悪刺激と不安反応

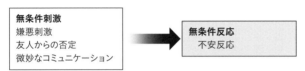

②友人間で上手く交流できなかった際に随伴されるさまざまな刺激

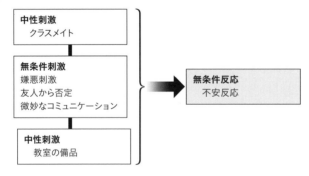

③登校の際の不安刺激の条件付けの成立

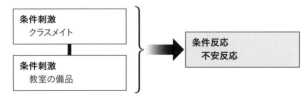

図5-1　不登校状態のレスポンデント行動の成立

3 支援方法

（１）支援会議の開催

　支援を実施するにあたり，学校や保護者とは支援会議を開催しそれぞれの役割を決定し役割を実行することを求めることとした。学校に対しては「登校支援チームを立ち上げ登校支援の実施と評価を確実に行うこと」「在籍級の対人交流が円滑に進展するための環境整備を実施すること」を依頼した。

（２）不登校改善プログラム

　不登校の改善には，レスポンデント条件付けを解除する必要である。そのため，支援目標を学校場面からの回避行動の消去におき，安定した学校復帰を目指すこととした。そのため対象児の不安状況を尺度化するために自覚的不安階層表を作成する。その後，回避行動と両立しない学校への接近行動を段階的に実施する現実的脱感作法を適用することとした。現実的脱感作法は「不安反応を示す刺激を程度の弱いものから強いものへと徐々に導入する方法である」(杉山・島宗・佐藤・R. W. マロット・D. L. ウェィリイ・M. E. マロット，1997)。

　また系統的脱感作法は「筋弛緩によるリラクゼーション」「自覚的不安階層表の作成」「筋弛緩訓練と不安事項提示」などの不安強度の弱い状況からイメージにより脱感作を行うとされている。

　しかし本事例では対象児が小学生でありイメージを想起しにくく，またイメージが想起されたか否かの評価も困難になる恐れがあると考えたため，現実場面での脱感作を行うこととした。この技法を適応することにより，対象児は弱い刺激場面から徐々に強い不安場面に直面し，不安刺激と対決しこれを乗り越えることによって不安水準が低下して学校への登校行動が形成されると考えた。

　また，脱感作プログラムの作成は自覚的不安階層表に基づき筆者が行うが，対象児にプログラム変更を認めることとした。また各ステップの達成基準は5回連続した場合とした。また，試行が失敗した際には，対象児の葛藤を受けとめ「辛いのによく努力したね」等，共感的に対応するように母親や担任に提案

した。

　一方，対象児は友人から意見を遮られたり，批判にさらされたりすることを気にしすぎて不安を増長させやすい傾向がある。さらに自分の意に反して友人に同調する傾向もみられた。このような状況が継続すると自分の気持ちを押し殺し，大きなストレスや不安，恐怖感情が形成される。この事態を克服するためには，不安の逆制止の枠組みに含まれる主張反応法を適用し，友人との会話場面への適応スキルを形成することとした。主張訓練法の適用が可能と評価したのは「不登校が長期にわたって継続していない」「家庭内でのコミュニケーションが活発である」「対象児に友人と交流したいとの意思がある」からである。その際の標的行動は，対象児と合意の上「うーん，よくわからない」という応答スキルとした。このスキルを標的行動としたのは，返答をあいまいにして質問を回避し友人間で中立的な位置を確保しながら交流を維持するためである。友人間という対象児が最も不安を感じている緊張場面で主張反応を生起させることで「黙り込む」という事態を回避し，友人との交流維持につながる効果が期待された。

　特別支援教育コーディネーターを兼ねる養護教諭や担任には現実的脱感作法

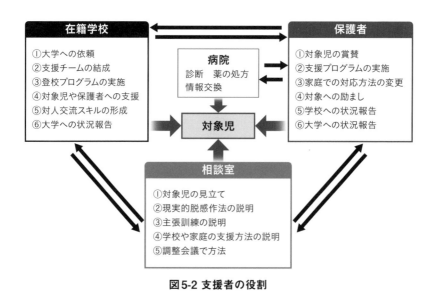

図5-2　支援者の役割

を説明し登校課題を明示した。その際，登校課題が達成された際には賞賛することや登校課題が達成できなかった際には対象児が努力したプロセスを賞賛するようにと依頼した。

また，担任には対象児のクラス復帰が円滑に行えるように，クラス全員に対人交流促進スキルを形成し，学級内で安心して話し合い活動が展開できるように学級指導を依頼した。

一方，対象児の不安が強くその原因が特定できないことから，不安を引き起こす器質的な要因がないか医療機関の受診を勧めた。

4 結 果

医療機関では特に発達課題や精神疾患を指摘されることはなかった。

支援会議には，担任や特別支援教育コーディネーターを兼ねる養護教諭，保護者が参加した。筆者は支援会議の参加者に対して，参加者の立場は対等であり，それぞれが支援者としての役割を的確に果たすことを要請した（図5-2）。

初回の支援会議では筆者が行動療法を活用した支援方法の説明を行い，保護者や担任，養護教諭もそれぞれに不登校状態に陥った原因や復帰について意見を述べた。

調整会議は3～4週に一度，開催した。調整会議では現実的脱感作プログラムの進捗状況やトークンエコノミー法の適用状況の確認，家庭や学校での環境改善の状況を参加者で共有した。図5-2にそれぞれの支援者の役割を示す。

一方筆者は，不安階層表に基づき，対象児に対して20項目にわたる脱感作プログラムを提示した（表5-1）。これに対して対象児は，プログラムに変更を加え9項目の脱感作プログラムを実施すると主張した（表5-2）。その際，登校経路の様子について詳しく筆者に説明した。さらに達成基準に関しても「3回連続して達成できれば，次のステップへ進めます」と話した。

登校時に母親は登校プログラムを提示し「今日は●●を通って,～まで行くのよ。大丈夫だからね」と教示と励ましを与え登校させた。欠席日数の推移を図5-3に示す。

登校行動は順調に継続したがSTEP2では，通学路で苦手としている友人に

表5-1　筆者が提案した20項目の脱感作プログラム

STEP 1	ランドセルを背負って母親とコンビニ前まで行く
STEP 2	ランドセルを背負って母親と競技場まで行く
STEP 3	ランドセルを背負って母親と校門まで行く
STEP 4	ランドセルを背負って母親と玄関まで行く
STEP 5	ランドセルを背負って母親と職員室まで行く
STEP 6	ランドセルを背負って母親と保健室まで行く
STEP 7	ランドセルを背負って母親と教室まで行く
STEP 8	母親付き添いで教室に入り2時間目まで授業を受ける
STEP 9	母親付き添いで教室に入り4時間目まで授業を受ける
STEP10	母親付き添いで教室に入り6時間目まで授業を受ける
STEP11	ランドセルを背負って1人でコンビニ前まで行く
STEP12	ランドセルを背負って1人で競技場まで行く
STEP13	ランドセルを背負って1人で校門まで行く
STEP14	ランドセルを背負って1人で玄関まで行く
STEP15	ランドセルを背負って1人で職員室まで行く
STEP16	ランドセルを背負って1人で保健室まで行く
STEP17	ランドセルを背負って1人で教室まで行く
STEP18	1人で教室に入り2時間目まで授業を受ける
STEP19	1人で教室に入り4時間目まで授業を受ける
STEP20	1人で教室に入り6時間目まで授業を受ける

突然出会い「どうして学校へ来れないの？」と声をかけられ，驚いた様子でそのまま帰宅してしまった。またSTEP3，STEP4，STEP5では初回試行時の緊張が強く校庭で身動きができなくなり，母親と養護教諭の援助を受けて帰宅した。

　登校課題が達成できなかった際は，母親が「辛いのによくがんばったね」と対象児を励ました。対象児は，登校課題を達成できなかったことを母親や担任に謝罪したが，「明日は家を出るときに（母親に）手を握ってもらえば大丈夫」等と話し登校意欲を失うことがなかった。そのため母親や担任，養護教諭は対象児を励まし続け登校を促し登校プログラムを継続させた。STEP4，STEP 5

表5-2 対象児が修正した脱感作プログラム

STEP 1	ランドセルを背負って母親と競技場まで行く
STEP 2	ランドセルを背負って母親と校門まで行く
STEP 3	ランドセルを背負って母親と保健室まで行く
STEP 4	ランドセルを背負って担任と保健室へ行く
STEP 5	ランドセルを背負って担任と教室へ行く
STEP 6	ランドセルを背負って1人で教室まで行く
STEP 7	1人で教室に入り2時間目まで授業を受ける
STEP 8	1人で教室に入り4時間目まで授業を受ける
STEP 9	1人で教室に入り6時間目まで授業を受ける

では，全試行で不安な様子を見せたが「もう一回やろうかな（チャレンジしようかな）」と自ら再試行を母親や担任に申し出た。STEP7の初回試行時やSTEP8の第2試行では教室への入室は果たしたが，授業中に表情がこわばり着席中はうつむいたまま担任の呼びかけにも返答できなくなったので保健室でクールダウンの処置をとらせた。対象児によると「保健室に行った2回とも，話し合い活動が中心の授業で意見を求められたらたらどうしようと思い怖くなった」と養護教諭に説明した（表5-3）。

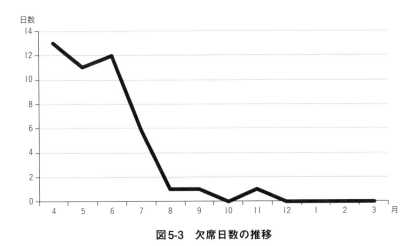

図5-3 欠席日数の推移

表5-3 現実的系統的脱感作プログラムの結果

STEP＼回数	1	2	3	4	5
STEP 1	○	○	○		
STEP 2	○	×	○	○	○
STEP 3	×	○	○	○	
STEP 4	×	○	○	○	○
STEP 5	×	○	○	○	○
STEP 6	×	×	○	○	○
STEP 7	×	○	○	○	○
STEP 8	○	×	○	○	○
STEP 9	○	○	○		

○：脱感作の成立　×：脱感作未成立

　母親は試行が成功した際には対象児を賞賛しカレンダーにマーキングをした。さらに菓子作りの本を購入し，対象児と2人で菓子作りレシピをみながら何を作るかを相談して強化した。

　主張訓練は相談室で11回実施した。標的行動を他者に意見を求められた際に「ごめんね。よくわからない」とし，母親をモデルとしてロールプレイを行った。訓練の進展に伴い笑顔も見られるようになったが，表情はこわばり，緊張している様子が読み取れた。

　一方，担任は友人等に対し「対象児が辛い思いをして登校できないこと」「教室がクラスのみんなにとって居心地のいい場所になっているかどうかを検証しよう」と呼びかけ学級会を開催し，クラス内の言語環境を整備した。その際担任は「僕は（私は）～と思うけど，どうかなあ？」「うんいいね。そう思うよ」などの話し方・聞き方モデルを提示し，相手を受け入れる「うなずき」などの活用を提案した。これらの会話スキルは道徳の時間にソーシャルスキルトレーニングとしてロールプレイを実施するとともに授業中の「話し方・聞き方ルール」として活用しクラスへの定着を図った。

　不安階層表に不安強度の変化をみると授業参加への不安は軽減したものの，

表5-4 不安階層表による自覚的不安尺度の変化(不安が一番強い状況を100として)

場面	初回(6月)	2回目(10月)	3回目(2月)
友人間でのおしゃべり	100	90	85
クラスの授業へ参加	80	60	30
教室の前の廊下	50	30	5
保健室	30	5	0
校庭	25	5	5
校門	25	5	5
競技場	10	0	0
コンビニ前	0	0	0

「友人間おしゃべり場面」での自覚的不安強度は軽減しなかった（表5-4）。

しかし担任からの報告によれば，対象児は発言やおしゃべりは相変わらず少ないものの，教室で友人の輪に入り行動を共にする活動する時間は増加しているとのことであった。

登校状態が安定した後，対象児は「学校に向かうと何か怖いことが起こると思っていた。登校プログラムを開始する前はとても怖かった。でも少しずつやってみると何も怖いことが起きなかったので安心した」と述べている。

5 考 察

対象児は，加齢とともに複雑化してきた女児間の交流になじめず，負荷を感じていた。それが進級により，新しいクラスで新たな人間関係を築かなければならない不安状況に追い込まれ不登校状態に陥ったと考えられる。

しかし，「学校に行こうとするとなぜだか怖くなる」と対象児自身が語っているように対象児は登校時の不安は不合理なものだと感じており，改善したい意欲をもっていたと思われる。

本事例では，不登校状態を「母子分離不安」と捉えるのではなく不安を中核

とした条件付けによって形成された不適応行動として捉えその消去を試みた。

そのために「現実的脱感作法」を適応して登校支援を行なった。

現実的脱感作法を実施したのは，対象児に発達障害や精神疾患の症状が見受けられなかったことや，発達課題に問題を抱えていなかったこと，さらには，内向的な性格だが訓練当初より登校意欲が失われていなかったためである。さらに不安対象が明確に「学校」であったことで学校場面をテーマとして自覚的不安階層表が作成しやすく，さらに支援の実施にあたっては保護者や担任，養護教諭の支援を確実に得られる確証を得ていたためでもある。

対象児は当初，何が不安で何が問題なのかが漠然として具体化できにくくなっていたが自覚的不安階層表や登校達成時をイメージしながら登校プログラムを考えたことで問題を焦点化することができたと思われる。

また筆者が提示した登校プログラムの変更を対象児に認めたことで，現実場面と対峙する際のリハーサルになり脱感作手続きが円滑に推移したと考えられる。また試行に失敗しても期間をあけずに再試行に取り組み，自らの試行数を増加させたりするなど主体的に活動できたと思われる。さらに母親が登校課題を登校時に対象児に明示したことで，対象児は不安を生じさせている状況を明確にイメージしたうえでエクスポージャーが行われたと考えられる。

さらに対象児は，プログラムの実施に伴い「（登校しても）何も嫌なことは起きなかった」と不安を克服した実感を得られたために，多少の施行失敗があっても登校意欲を失うことはなかったと考えられる。

主張反応法の適用は，友人間での不安解消には至らなかったが，友人等と過ごす時間が長くなっているとの担任報告から推察すると少なくとも友人との交流を維持する効果はあったと思われる。主張訓練法は「周囲からの圧力に対して対決的な反応をシャーピングすることにより，彼らの内的な混乱を解決し，症状を除去し適応へ方向づける方法」と定義されている（小林，1985）。しかし，本ケースでは返答を曖昧にする「うーん，よくわからない」という言語行動の形成を試みた。この言語行動を標的にしたのは対象児の年代の女児はグループ化しやすく，はっきりした意見を述べることでグループから非難を受けたり排除されたりする危険性があったためである。

一方，会話や交流の促進は聞き手の対応が重要である。本事例では，在籍級

で担任が会話スキルを具体的に子どもたちに提示するとともに，クラス内でシミュレーションを実施し，対人交流が円滑に促進されるように強化のネットワークを形成した。このようなクラス環境の改善により，これまで対象児にとって不安事態を想起させる刺激として機能してきたクラスの友人たちという条件刺激に変化が生じたことが推察される。

【引用・参考文献】

小林 重雄(1985)．主張反応法の適用による中学女生徒の登校拒否の治療　上里 一郎(編)　行動療法ケース研究2　登校拒否　岩崎学術出版社

前川 久雄(1989)．かかわり障害としての登校拒否　小林 重雄編　子どものかかわり障害 (pp.178-209)　同朋舎出版

免田 賢(1998)．困った行動を減らすには　山上 敏子(監修)お母さんの学習室──発達障害児を育てる人のための親訓練プログラム(pp.103-116)　二瓶社

奥田 健次(2006)．不登校を示した高機能広汎性発達障害児への登校支援のための行動コンサルテーションの効果──トークン・エコノミー法と強化基準変更法を使った登校支援プログラム．行動分析学研究, *20 (1)*, 2-12.

小野 昌彦・小林 重雄(2000)．女子小学生不登校への再登校行動の形成──かかわり形成が困難であった事例　行動療法研究, *25*, 37-45.

杉山 尚子・島　宗理・佐藤 方哉・R. W.マロット・D. L.ウェィリイ・M. E.マロット(1997)．「行動分析学入門」基礎編　(pp.263-266)産図テキスト

内山 喜久雄・藤田　正・村松 茂治(1972)．登校拒否の行動論的アプローチ(二)──継次接近法の臨床的吟味教育相談研究,第二巻, 1-12.

Wolpe, J. (1958). Psychotherapy by Reciprocal Inhibition, Stanford Univ. Press. (金子 卓也(監訳)(1977)．逆静止による心理療法(pp.107-144)　誠信書房)

第6章 自閉状態を呈したWest症候群の幼児とのプレイセラピー

榊原久直

1 障害のある子どもとのプレイセラピー

　プレイセラピー（遊戯療法）とは，子どもを対象として遊びを主なコミュニケーション手段として行われる心理療法の1つである。"遊び"というコミュニケーションや表現を通してこころの動きを理解し，伝え返すというやりとりの中で，子どもの自己治癒力による回復や発達課題のやり直しを行う支援である。

　一般的なプレイセラピーでは，子どもに自分のこころの世界を言葉や遊びを通して表現する力（象徴機能）や，不快な情動などの欲求不満にある程度持ちこたえる力（情動制御能力），そして他者との関係性を形成し活用する対人的な力があることを前提としている。けれども発達に困難さを抱える子どもの場合，これらの機能自体に難しさがあり，これらの機能を前提とした方法では不十分であると指摘されている（滝川，2004）。しかし，だからといって遊びを介した支援が無益なわけではない。日常生活を含め，コミュニケーションや対人的な力に困難さを抱えているということは，遊びの中で学び発達するといわれる幼い子どもたちにとってこころとからだの発達を妨げる大きな負因となっており，遊ぶことの困難さを抱える彼らにこそ遊びを介した支援の必要性は高いといえる。

　こうした考えの下，ASD児や自閉状態を呈する子どもの特性に応じた新しい方法論の模索として，①セラピスト自身の主体性を介した情緒的な交流による関係性の構築を図ること，②身体の感覚や"今，ここで"生じている情動のレベルでの体験の共感と共有を図ること，という大きく分けて2つの役割をセラピストが担うことがなされ始めている。このような，ある意味で乳児と養育

者の早期のコミュニケーションに近い関わり方を通して，より具体的には，子どものまだまだ幼く未分化な感情や意図を読み取り，拡充し，擬似的にやりとりを形作っていく中で，子どもが発達していく契機となるさまざまな情動体験を保障することを目指すのである。すなわち従来の臨床心理学実践の中心的な目的であったこころの傷の回復を支援することだけではなく，子どものもつ内発的な発達の原動力が十分に発揮される対人的な環境を提供することが，発達に困難さを抱える子どもたちに対する今日のプレイセラピーの1つの方向性である。

2 支援の前提となる視点としての関係障害

　本章では情動への支援の試みとして，West症候群（点頭てんかん）という障害をもつ女児との面接過程をまず紹介する。なお本事例に関する情報は，プライバシー保護の観点から，事例の本質を損なわない範囲で改変したものである。

　West症候群とは1歳未満，遅くとも3歳までに発症するてんかん症候群の一種である。症状には発達の停滞や退行，感覚神経機能の低下，他者との情緒的な交流の困難さが伴うとされる。予後は他の難治性てんかんに移行しやすく，知的発達や運動発達の困難さが続くことが多い。また25％はASD症状と多動症状を呈し，West症候群の診断の後にASDと同様の状態像になることがある。West症候群をもつ子どもに対しては，発作による転倒等への安全面での注意が必要であるとともに，投薬治療を中心とした発作に対する処置が重要である。

　このようにある障害に関してその医学的な特徴を記載すると，その障害をもつ子どもに関する生活上の注意点やさまざまな具体的なケアについての情報が得られるというメリットがある一方で，子どもの呈するさまざまな姿や症状を全て子どもがもって生まれたとされる障害によるものであると捉えてしまうデメリットが生じることがしばしばある。言い換えれば，子どもの姿や症状の背景にあるかもしれない子どものこころの動きに目を向けにくくなり，かつ，子どもの現在の姿や障害を固定的な物と捉えてしまうようになってしまうのである。これは上述した子どもの幼く未分化な感情や意図を読み取り，拡充すると

いった養護的な関わりを妨げるとともに，家族をはじめとした子どもを取り巻くさまざまな他者との関係性を歪めることに繋がりうる。そこで有益となる視点に，関係障害という概念がある。

　子どもに何らかの障害があるとき，その対人関係は強すぎる，もしくは弱すぎる情動が伴う否定的な体験が多くなり，適度な強度の情動が伴う肯定的な体験は得難くなるとされる。その蓄積により，人との肯定的な体験の中で形成される信頼関係や自己肯定感が育たず，興味の拡大や世界への進出という発達上必要となるさまざまな体験を得る機会が阻害されることとなる。一人の子どもが示す障害特性やいわゆる"問題行動"と周囲に映る行動の中の，こうした対人関係の中で形作られた面を"関係障害"と呼ぶ（小林・鯨岡，2005を基に筆者が改編）。

　また，子どもだけでなく，子どもを育てる養育者や，子どもを取り巻くさまざまな支援者も，この関係障害を子どもと共に形成している一員であることに注意が必要である。大人も子どもと同じく，子どもとの日々の関わり合いの中で，自分の働きかけに思うような反応が返ってこないときには傷つき，声をかけづらくなったり，話し方や関わり方が否定的になってしまったり，時に避けたくなったりもする。子どもの小さな成長に喜ぶのと同じくらいに，子どもの成長のゆっくりさに焦り，繰り返される子どもの言動や望ましくない行動に苛立つこともある。その積み重ねの中で知らず知らずのうちに，親としての発達が阻害されることや，親や支援者としてもち合わせているさまざまな養育機能や支援の機能が働かなくなることもありうるのである。障害を固定的なものとしてのみ捉えてしまうことや，子どもの姿や症状の全てを障害特性に帰属させる捉えかたもまた，この関係障害の形成を助長するものであり，同時に，関係障害の内側に巻き込まれた結果として生じる状態とも理解することもできるであろう。

　このようにして障害のある子どもとその養育者の関係性を捉え直したとき，両者は互いに影響し変容しあう関係にあり，子ども個人だけでなく，養育者や他者との関係性そのものを支援の対象として捉える視点の必要性が浮かび上がる。

3　Aちゃん家族と関係障害

　Aちゃん家族との出会いは，彼女が6歳になる少し前の頃，児童センターにて行われている感覚遊具を用いた運動療育教室であった。Aちゃんは虚ろな眼差しをしており，周囲が見えているのかどうかさえ不確かな様子であった。いつ転んでもおかしくない動作でふらふらと歩いては，座り込んだり寝転んだりして手で床を撫でて触覚刺激に没頭することがほとんどであった。発声や表情の変化はほとんどなく，ふらふらと歩く先に親や他者が居ても関心を向けず，ただ邪魔なもののように押しのけるなど，自閉状態が顕著であった。お母さんはAちゃんについて穏やかに微笑みながら話すが，育児の疲れが色濃く，内容もかんしゃくの話と，「〇〇ができない」という無力な姿の話ばかりであった。「発達の遅れがある。てんかんの発作が頻出し，激しいものも多い。これといった遊びをせずふらふらと歩くだけで，危ない」ということが主訴であった。そして両親共に「どのように関わっていいかわからない」と悩んでいた。

　AちゃんにはWest症候群と最重度の知的発達症があった。5歳頃に受けた新版K式発達検査2001の結果，発達指数は19，発達年齢は1歳0ヶ月であった。家族構成は3歳の妹がおり，40代のご両親との4人暮らしであった。

　Aちゃんは周産期にトラブルのない元気な赤ちゃんであり，両親にもよく甘え，他児への関心も示し，「ママ」，「抱っこ」など単語も話し始めていた。しかし生後半年頃より始まった点頭てんかんの発作が1歳半以降に頻回になり，発語が消失した。その一方，多動症状や他児を叩く行動が顕著になった。5歳頃には発声すら無くなり，他害行動は無くなったが，他者への関心も希薄化し，多動で自閉的な姿が顕著となった。発作は来談時も頻発しており，意識を失い頭から倒れるような強い発作が，1日に10回も見られるとのことであった。

　関係障害の視点でこの経過を振り返ると，発症後の他害行動や多動症状は，病変によって生じたと多分に考えられる一方，発症による能力面の退行が他者との関係性に影響を及ぼした結果生じた部分もあると考えられる。興味関心があるにもかかわらず，能力的に相手とやりとりすることができない日々が続いたとすれば，こうした行動が生じても不思議ではない。その後の他害行動の消失や他者への関心の希薄化，発声そのものの減少も，否定的な経験の蓄積の果

てに自身の能力を発揮したり，コミュニケーションしたりする意欲や自信を失ったためであるとも考えられる。こうした障害の発症を起点とした否定的な体験や変化の連鎖が，Aちゃんを取り巻く関係障害の一側面であると推察された。

またAちゃんが生きる主たる関係性のもう片方の構成者であるお母さんに焦点を当てると，関係障害の異なる側面が見える。養育者は育児において，子どもにさまざまなイメージを照らし合わせるが，Aちゃんのお母さんの場合，発症後のAちゃんの姿は，出生前から漠然と抱いてきた子ども像とも，お母さん自身の子ども時代を通して形作られた子ども像とも，これまでのAちゃんとのやりとりで築き上げてきた子ども像とも重なり得なかったと推察される。それはAちゃんとの関わりが「わからない」という語りのように，子どもの現在の姿を理解し，今後の見通しをもつことを困難にしていた。加えて，発作と多動傾向，危機予測の困難さが重なった結果，常に怪我の心配が付きまとう家族にとっては，日々の生活の中で子どもをゆったりと見守ることは難しく，発作と怪我の危機から管理すべき対象として見ざるを得なくなる。ゆえに子どもの姿を肯定的に温かく受け止め，外界へ導くことが二重に困難となっていたと考えられる。

このようにAちゃんの現在の状態はその全てが発症によって直ちに形成されたものではなく，発症を機に関係障害を形成しやすい関係性が生じ，4年間の蓄積と悪循環の過程を経て形作られてきたものも含まれると推察された。その支援には障害自体への医療的支援はもちろんのこと，Aちゃんとお母さんへの心理的支援と，関係性の支援が重要であると考えられた。

Aちゃん家族が訪れたのは，トランポリンやブランコなどさまざまな感覚遊具が設置された広いプレイルームにて，半年間の感覚運動遊びを行う療育教室であった。感覚遊具で遊ぶことは困難であったが，上述したプレイセラピーの観点を取り入れた運動遊び活動（PRIME：榊原，2017）が行われた。療育教室では1組の親子に対して，安全上の理由からセラピスト（Th.）が2名ついて活動を行う設定であった。45分間ほど子どもとTh.らが接している間，家族は同室にて椅子に座って様子を眺めたり，保護者同士で自由に話したりして過ごすことができるようになっていた。活動後5分間ほど，親との振り返りの時間も

設けられていた。Aちゃん家族への支援は，上記の見立てに基づき，Aちゃんが没頭する感覚世界に寄り添い，彼女の幼い主体性に寄り添い・補うようにした対人・対物の交流経験を積み重ね，Aちゃんのなかで Th. が"人"として映ることを目指して始められた。同時にお母さんに Th. なりのAちゃんの理解を伝えるとともに，日常動作や家族とできるような遊びを Th. とAちゃんとの間で築き上げていくことで，Aちゃんとお母さんとの関係性の発達的な変化を目指した。

4 面接過程

面接開始から2ヶ月頃までは，Aちゃんは虚ろな表情でふらふらと歩き回っては，座り込んで床を撫でて過ごすことを繰り返した。来談時も退室時も，お母さんに腕を持たれて引かれている姿が特徴的であった。以下は面接開始数回目のある日の一場面であり，二人の初めての接点となった場面であった。

> 物言わぬAちゃんの顔が別の方を向き，Th. は〈次はどこへ行こうかなぁ〉と声を当てて彼女に続いて歩き始めた。発作による転倒に多くの注意を払いつつ，いつ倒れるともわからない頼りない足取りで部屋を歩いて回るAちゃんの傍を共に歩き続けた。するとあるとき，Aちゃんは急に立ち止まって，ばっと勢いよく床に座り込み，両手で何度も円を描くようにマットの表面を撫で始めた。〈おっ，こっちの床の方が気持ちいいなぁ〉と声をかけながら隣に座り，Aちゃんの動きに合わせて〈すり〜すり〜すり〜〉と効果音を口にして Th. も彼女の手の動きに魅入って過ごした。そうして少し過ごした後，Th. も彼女の手の横でほんのわずかに大きな動きをしつつも同じようなリズムで一緒になって手を動かして見せた。すると，Aちゃんは自分の視界の中で自分の手と同じようなリズムで動く手に関心を抱いたのか，Th. の腕を掴み，"もっと"と言うかのように Th. の腕を動かした。彼女の目線は Th. の手とマットの表面を向いていたが，Th. の手を使いつつ，二人で床を撫でてしばしの間過ごしたのであった。

このように，Aちゃんの行動一つひとつに彼女の意図や感情の変化といったこころの動きを想定し，セリフを当てるように声をかけるという関わりは，半年間の中でTh.が一貫して保った姿勢であった。そんなナレーションのような関わりを続けて1ヶ月を過ぎた頃，次のような場面が見られた。

> 　ボールプールに辿り着いたAちゃんは，ボールを掴んだり，中に手を入れようとしたりし，表情はないものの微かな関心がある様子であった。Th.がボールを差し出すと視線は合わないが，Th.の手からボールを取り，ボールを両手でこね，口元に触れさせた。Th.が〈ちょうだい〉と手を出すも見向きもしないが，どうにかAちゃんにこちらに関心をもってもらおうとリズムやイントネーションを変えつつ笑顔で〈Aちゃん，ちょ〜うだいっ！〉と手を差し出し直すと，返そうとする明確な意図は見られずタイミングも合わないが，返そうとするかのように微かにだがAちゃんの腕が上がった。〈ありがとう〉とそれを受け取り，Aちゃんの興味が失われないうちに直ぐさまボールを〈どうぞ〉と返したところ，Aちゃんはまたそのボールを取り，こねては口に運ぶのであった。

　Aちゃんの一人遊びにもなりきらない動きに寄り添い，一人二役のような擬似的なやりとりを重ねることで，この頃から，わずかな間だけでも立ち止まって物に関心を向け続けるという姿がAちゃんに見られ始めた。加えて，体が動く際にどこか嬉しそうに「きー」と声をあげたり，Th.の声かけに対して返事をするかのようなタイミングで声を出したりすることが見られだした。Th.はそれまでAちゃんへの関わりに対して自信の無さや微かな徒労感を抱いていたが，その瞬間に初めて，Aちゃんと繋がれた，Aちゃんに何かをしてあげられているという温かい感覚を得たのであった。

　Aちゃん親子が療育教室に通い始めて2ヶ月が過ぎた頃には，彼女は自らふらふらとした歩みで部屋に入っては，部屋の中へきょろきょろと視線を送るようになり，周囲への微かな興味が感じられ始めた。Th.の顔も見ているようで，しゃがみこんで微笑みかけると表情を微かに緩めたり，座り込んで一緒に床を撫でている際にも，Th.の手ではなく，ふとTh.の顔を見上げたりするように

なった。

> すべり台の斜面を一緒に撫でて過ごしたあと，嫌がられるかもしれないと若干不安を抱きつつも，Th.が思い切ってAちゃんの体を抱え上げて滑らせてみると，Aちゃんは小さく笑顔を浮かべた。何度か同じようにしていると，Aちゃんは自分ですべり台の階段へと歩み寄り，"さあ滑るぞ"とばかりに両腕をあげた。階段を登ろうとする足の動きは伴わず，階段の下で立ち止まっているのだが，Th.としてはAちゃんの"すべり台をもっと遊びたい"という感情や意欲のようなものが少し明確になったように感じられたのであった。

このように，この頃より，Aちゃんの"意図らしきもの"が身振りや表情の変化により浮かぶようになり，遊びを一緒に作ることが可能となっていった。物を使った遊び方そのものも，自分の手や口などの体の感覚に没頭するのではなく，物を立てたり転がしたり動かしたりするなど，その物を試すかのような操作をすることへの関心が見て取れるようになった。

4ヶ月が過ぎる頃，AちゃんはTh.を見つけて嬉しそうに喃語のような声を上げつつ歩みを速めて寄ってきたり，Th.の顔をじっと覗き込んで頬をぎゅっと挟むという悪戯のような振る舞いをして笑う姿を見せたりするなど，Th.そのものや，Th.とのやりとりへの関心がはっきりと感じられるようになった。

> 色鮮やかなカラーコーンに魅入られるかのように，Aちゃんは座りながらコーンを掴んだり転がしたりしており，Th.も〈綺麗やなぁ〉と声をかけて過ごしていた。そんなAちゃんの持つコーンの端をTh.も持ち〈ゆらゆらゆら〜〉と微笑みながら揺らして引っ張り合うようにすると，やりとりにはなりにくいものの，Aちゃんの手はコーンを放さず，こちらをぼうっと見返した。Aちゃんの手がコーンから放れる場面で〈ポン！〉と口で効果音をつけたり，また反対に，Th.がスポンと手を放して大きく後ろに倒れてみせると，少し驚いた表情になりながらも，Aちゃんもそんなやりとりを楽しむかのように笑みを浮かべるのであった。

第Ⅲ部　情動発達へのさまざまな具体的な実践

　同時期，部屋にいる他のスタッフらにも顔を向ける姿が増え始め，周囲の人からも目が合うようになったと報告されることが増えていった。そんな中，Aちゃんの感情の起伏や意図のようなものが以前よりいくぶんわかりやすくなったということも受け，お母さんに遊びに加わってもらう場面を設けた。

> 　Aちゃんと繰り返し遊んだすべり台遊びの中で，まずはAちゃんがすべり台の坂のローラーを撫でて過ごすのを〈ごろごろ〜，気持ちいいなぁ〉と声をかけつつ何度も見守り，彼女の視線が坂の上の台へと向けられるようになった頃，〈じゃあ，びゅーんってしようか〉とTh.がそれに応じる形で彼女を抱っこし，すべり台の上へと運び上げた。そしてお母さんには，坂の下で彼女を受け止める役割をお願いし，坂の下で待っていてもらった。滑り降りながら笑みを浮かべるAちゃんを，お母さんは戸惑いながらも受け止め，僅かに驚きの表情を浮かべつつ「お〜」と言葉にならない言葉をかけて彼女の頭を撫でた。かける言葉が見つからない様子だが，いつもTh.に見せるどこか疲れの色が滲む社交的な微笑みとは異なる穏やかな笑みをお母さんは浮かべていた。

　以降の回では，Aちゃんは少し遊び疲れたかのような顔になるとお母さんの所まで歩いて行き，僅かに笑顔を浮かべながら腰に抱き着いて体をゆだねることを見せ始めた。甘えたい盛りでお母さんを独り占めにしたがる妹にAちゃんが敗れてうなだれてしまうことに対し，お母さんは「Aは私のことわかってないと思ってたんだけど，最近はわかってくれてるのかな」と苦笑した。最終回の日には，Aちゃんはお母さんと手を繋いで部屋から歩き出したのであった。
　後日お母さんより，活発に動いて何かをしようとする姿が増えてきているとの連絡があった。顔を軽く叩くような悪戯っぽい振る舞いは家でもお母さんに対して見られるそうで，「Aが笑うことが増えた」と嬉しそうにAちゃんとのやりとりをお母さんは語った。気持ちが高ぶっているときや怒っているときに「アーモウ！」と言ったりもするそうで，「表情が豊かになってきて，喜怒哀楽がはっきりとわかりやすくなりました。ゆっくりとしか変化しないAなので毎日大変です」と笑う声にTh.は温かな印象を受けるのであった。

5 関係障害の変化と今後の支援に向けて

　このように半年間の面接過程は，Aちゃんのおぼろげな情動の動きをTh.が捉えようとし，その意味を拡充し，意志ある存在としてAちゃんの幼い主体性を受け止めるという関わりを軸に支えられたやりとりの積み重ねであった。その中で表情や発声の変化など，Aちゃんの平板になっていた情動がより活発に生起し始め，その動きが情動行動として表出されるようになっていった。そこでまた，その表出をAちゃんの主体的な動きとして，時にコミュニケーションとして，時に遊びなどの意図ある振る舞いとして受け止めるやりとりが繰り返しなされることにより，Aちゃんの人や物への意欲が微かながらも発露するようになっていったと考えられる。それは同時に，お母さんや周囲の者が，Aちゃんの現在の感情や体験を改めて理解し，関係を再構築し発達させていく契機にもなったと考えられる。

　West症候群をはじめとした重い障害を抱えた子どもに対するプレイセラピーにはさまざまな関わりが含まれている。発作や発達上の困難さゆえに傷ついたこころをケアし，子どもがまた自発的に他者や物といった対象へと関わろうとすることを支援する関わり（不安や防衛の概念などに基づく従来のプレイセラピーの関わり）。子どもの幼く未分化な感情や意図を理解し，適切な情動の水準に保ちながら活動や関係性を構築させていく関わり（情動調律：Stern, 1985）。そして，対象への意欲や関心を抱く事すら困難になった自閉的で情動の平板化した状態にある子どもを呼び起こすような関わり（再生技法：Alvarez, 1992）。後者2つの関わりは，必ずしもプレイセラピーをはじめとした臨床心理学的な支援に限定されるものではなく，保育や教育，福祉といったさまざまな領域で意識的ではないかもしれないがなされていることであり，さまざまな領域でこうした関わりに留意することのその意義は大きいと考えられる。ただし子どもの情動や未分化な意図や感情をくみとるという作業は，関わり手の主体性を介して子どもの主体性を理解する関わりであり，常にその理解の妥当性を振り返り検証する姿勢が求められるものである。こうした課題に対する取り組みの1つの参照枠として，支援者自身の感情の動きを捉えて精査し活用するという逆転移と呼ばれる概念を巡る知見や，子どもだけでなく支援者自身の感情

や思考を捉え直すスーパービジョンや教育分析の体制など，さまざまな臨床心理学的な知見が多領域で活用されていくことが期待される。

　子どもの情動に寄り添う支援は，Aちゃんの事例と同様に，面接室の枠内での変化や子ども個人の変化に留まらず，より広く，子どもの外界や他者との関係性に変化をもたらし，さまざまな発達的契機を生み出す可能性があるものであると考えられる。今後，子どもを取り巻く関係障害の理解や，幼い主体性の動きを掴むコミュニケーションのチャンネルの1つとしての情動に焦点を当てた支援の信頼性や妥当性，そしてその効果に関する研究がより一層必要となる。

【引用文献】

Alvarez, A. (1992). *Live Company: Psychoanalytic Psychotherapy with Autistic, Borderline, Deprived and Abused Children.* NewYork: Routledge.
　（アルヴァレズ, A. 千原 雅代・中川 純子・平井 正三（訳）(2002)こころの再生を求めて——ポスト・クライン派による子どもの心理療法　岩崎学術出版社）

小林 隆児・鯨岡　峻(2005)．自閉症の関係発達臨床　日本評論社

榊原 久直(2017)．子どもの発達を支えるための視点"プライムPRIME"——感覚運動遊びの活動を通して　神戸市総合児童センター　育ちゆく子ども—療育指導事業（発達クリニック）の実践と研究, *IX*, 103-112.

Stern, D, N. (1985). *Interpersonal World of The Infant: A View From Psychoanalysis And Developmental Psychology.* New York: Basic Books.
　（スターン, D. N. 小此木 啓吾・丸太 俊彦（監訳）神庭 靖子・神庭 重信（訳）(1991)乳児の対人世界——臨床編　岩崎学術出版社）

滝川 一廣(2004)．自閉症児の遊戯療法入門　治療教育学研究, *24*, 21-43.

第7章 行動化しやすいASDケースへの20年間にわたる発達支援：家族への暴力と盗みを繰り返す青年の語りから見えてきた情動調整機能

東　敦子

1　はじめに

　ダイキ（仮名）は思い通りにならないと騒ぐ，指示が通らない，友だちと遊べない等の問題により，3歳児健診や幼稚園の巡回相談を経て療育施設での早期支援が開始された。知能の遅れはなく，通常学級に入学したが教室で過ごせず，注意されると興奮して暴れるなどの情動反応の激しさにより小児精神科を受診し，脳波検査で異常がみつかり服薬を開始した。診断は小学校低学年時にはADHDとLD，中学時代に広汎性発達障害が加わっている。療育施設での態度は良好であったが，家族への暴言・暴力，物品破壊，盗癖などの問題が児童期より悪化していった。小・中学校では，通級学級を利用し，特別支援学校高等部職業科へ入学。精神保健福祉手帳を取得して特例子会社に就職したが，物品破壊，盗癖の問題が会社でも見られるようになり，半年で退職となった。その後，就労支援センターや作業所でも同様の問題が続いた。その後は，地域の通勤寮で就労支援を受け，小売店で働きながら社会的自立を目指している。

　須田（2017）はASDへの発達的アプローチでは，生物的システムの自然な機能を推定することが重要であり，それをうまく動かすという方法を「自然主義的アプローチ」と呼び，警戒心と不安の緩和を重視し，ストレスに対する脆弱性を見逃すべきでないと述べている。そして，その背景に情動には自然が作った回復機構が生じるという基本的な発達があると主張している。

　筆者はダイキへの支援の難しさに直面し，自然主義的アプローチの観点から，支援者側からの当事者側に問題の視点を変換させ，ダイキ自身の情動の回復機構を明らかにしたいと考えた。本章では就労移行時期のカウンセリングでの語りの質的分析により，ダイキ自身の抱える欲求や情動喚起の制御困難さを，生

態としての情動調律のシステムに照らし合わせて論じるとともに，就職後もさまざまな困難さを抱えるダイキを地域の支援者が根気強く支えている実態を加えて報告することで，真の「発達的支援」とは何かを問いたいと思う。

2 ダイキが抱えている情動と社会性の問題と支援

　支援開始時からの約20年に渡るダイキの情動と社会性の問題と支援の概略は表7-1にまとめたとおりである。この間に我が国の発達障害児・者への理解は急激に広まったが，教育，福祉，医療などのさまざまな領域の関係者が連携しながら地域での支援をつないでいった様相が読み取れる。

　ダイキは，指導者にはいつもニコニコと笑っておしゃべりをする人懐こい印象の男の子であった。ダイキの幼少期の大きな問題は，苦手な課題から逃れるための離席や離室を制されたときの情動の喚起（興奮）の激しさにあった。発達アセスメントにより，ダイキの苦手な課題（書字や作業）は無理強いしないこと，激しい情動の喚起（興奮）が生じた際には刺激しないなどの環境調整が行われたことで問題は軽減した。療育施設や通級などの指導時間の短い場所では問題なく穏やかに過ごせるが，長時間を過ごす通常学級では慣れや甘えが生じてさぼったり，優しすぎる先生の指示は聞かなかったりなど，状況や相手により行動が変わる傾向があった。友だちの関心を引くための汚言やふざけの問題にはコミック会話（Gray, 1944　門訳, 2005）や，ソーシャルストーリーズ（Gray, 2001　服巻監訳, 2005）によって状況理解を促し，トークンエコノミー法を学校と連携して実施し一定の効果をあげることができた。

　特別支援学校高等部職業科ではダイキの特性に配慮された指導が行われ，ダイキも学業成績が良いことから自信をもって過ごすことができた。その一方で，家庭での物品破壊や盗癖はエスカレートし，家族はトイレやふろ場，寝床にまで財布やカバンを持ち込まなければならないという毎日であった。過飲，過食，落書き，大声などの問題もあり，家族のストレスも大きく，怒りの感情をお互いにぶつけあうことも多くなり，悪循環が続いた。暴力と盗癖に対しては家庭でもトークンエコノミー法を実施し，一時的には効果があったが，高校2年の後半より母親への反発と暴力が増したため中止し，ダイキの視点に筆者が近づ

きダイキ自身の意識と背景にある情動のしくみを見出すためのカウンセリングを行うこととした。

3 ダイキの自己および他者の感情についての語りの内容について

　カウンセリングは本人の視点を知るために，基本的には非指示的にすすめ，本人の自発的語り（ナラティブ）を引き出し，①その都度の深さのレベルで調整する，②自己や他者の情動（意思，考え）に焦点をあてる，③ほのめかされた情動を復唱する，④比較できる状況に言及し，違いや共通点への気づきを促す，の3点に留意した焦点インタビューを行った。

　高等部3年の20XX年7月から20XX＋1年3月まで計10回のカウンセリング場面でのダイキの発話内容322個の質的分析（木下，1999）を行ったところ，以下のようなカテゴリーが抽出された（大カテゴリーは《》中カテゴリーは〈〉で示す）。自己に関しては《自己の情動状態》では〈怒り〉〈不安〉〈恐怖〉〈罪〉〈恥〉〈悲しみ〉〈羨望〉〈嫉妬〉〈嫌悪〉〈幸せ〉〈誇り〉〈安堵〉〈希望〉〈愛〉〈同情〉の他，〈甘え〉〈諦め〉〈後悔〉〈自尊心〉〈身体的不快感〉〈興奮〉など，《自己の欲求》では〈金銭〉〈物品〉〈性的関心〉〈カームダウン〉〈対人交流〉〈就労〉〈助言〉〈理想の自己像〉などが抽出された。《自己の評価》では，〈制御の困難〉〈不注意〉〈未熟さ〉〈成長〉などが抽出された。他者に関しては《他者の情動状態》では，〈喜び〉〈怒り〉〈悲しみ〉〈驚き〉〈不快〉〈無理解〉の他，《他者行為の叙述》《他者発言の叙述》などのカテゴリーが抽出された。

　《自己の情動状態》は種類も数も多く，ラザルスの15の基本感情のほとんどに関連する体験が述べられており，唐突さや異常さは認められない。一点，嫉妬の感情が引き起こされてもよい状況でその語りがなかったことは特筆すべき点であるが，「弟は生意気」という発言はあり，嫉妬心に近いライバル心はもっているものと思われる。一方，《他者の情動状態》は種類も数も少ない。「困ると言われた」「悲しみますと言われた」「びっくりしたと言われた」などは，《他者発言の叙述》とも解釈できる。また，〈無理解〉「他者の感情を考えたことがない」「理解できない」という語りは，ダイキの社会的認知の脆弱さをうかがわせられる。

表7-1 ダイキの社会性や情緒に関する課題と支援の概略

時期	家庭	教育
幼児期	・運動やことばでの遅れはなかったが、かんしゃくや多動で指示が通らない ◆3歳児健診で療育をすすめる	【幼稚園】 ・多動で指示が通らない ・集団参加できない ・洗剤のいたずら ・友だちのいやがることをわざとする ◆巡回相談で療育施設を紹介
小1〜3	・友だちの悪いことを真似して困る ・思うとおりにならないと親に八つ当たりする	【小学校】 ・通常級の授業に参加できない ・教室から出ていくのを止められると暴れる ・いたずら ◆通級指導開始(週1日) ◎通級の個別や集団授業には参加できる ◎通級の友だちとは仲良くできる
小4〜6	・友だちとあそぶことがなく、図書館に通っている ・夜騒ぐ ・家族の物を壊したり壁や戸に落書き ・水やお茶、ジュースを大量に飲む	◎通常級の授業に座っていられるようになる ・友人への関心、からかい、ふざけ、汚言がひどくなる ・友だちと遊べない ◎通級クラスでは落ち着いて参加できる
中1〜3	・家族のお金を四六時中盗もうとするようになる ・家族への暴力(とくに、母親)、暴言が常態化する ・受験のストレスで家で騒ぐことが増える ・家での大声、落書き、物品破壊がエスカレートする	【中学校】 ◎新しい友だちや異なる学年の生徒の前では緊張しておとなしくなるが、 ・親しい友人やクラスの中では騒ぐ(汚言など) ・授業の好き嫌い、教員や介助員の接し方によって授業態度がかわる ・隠れての落書きや物品破壊がはじまる ◆通級(1日1時間)と介助員制度を利用 ◎通級の授業では穏やかに楽しく参加できる
高1〜3	・家族への暴力・暴言・大声、家屋・物品破損、落書き、パスモの使い込み、盗み(家族の財布、古銭、テレカ、指輪など) ・冷凍肉をそのまま食べる、ベンチに置かれていたジュースを飲む ・やかんの水をすべて飲む ・休日は一人で図書館やゲームセンターなどで過ごしていて友だちと遊ばない	【特別支援学校職業科】 ◎新しい環境で意欲をもち、授業にも参加できるようになる ・学校生活に慣れてくると、教員が見ていないところでの落書きがみられるようになる ・実習先ではさぼる、うそをつく、などの問題がみられたが、 ◎就労への意欲は高く、学内実習ではしっかりと作業ができる ・実習先の休憩室に置いてあった他人のコーヒーを飲む ・学校では教員や友人と楽しく話しているが、学校外での付き合いはほとんどない
卒後	◎父母ともに穏やかに接するようになったこと、きょうだいが成長し、本児と距離をおくようになったことなどから家庭内暴力は減った ・家庭内の盗みは継続し、現金を家に置かないようにするとテレカや貴金属を質に入れることも ◆同居は困難と判断され通勤寮の利用を開始	

行動化しやすいASDケースへの20年間にわたる発達支援　第7章

□支援内容　◎改善内容　・課題　◆連携支援

医療	福祉
□診断：多動	【療育施設】 □知能検査：IQ 90(5歳3月時田中ビネー) □集団指導(週1日)：SST □個別指導(週1日)：認知・学習指導 ◎集団では約束を意識してとりくめ, 参加態度は改善 ◎ときどき注意引きの汚言があるがおおむね良好 ・個別では苦手な課題で姿勢が崩れるがほぼ問題なく取り組める ・書字は苦手 □知能検査　WISC‐R　FIQ99(VIQ109　PIQ87) ◆小1時：クラスでの問題に対して, 学校, 病院関係者と支援会議
□脳波検査： 　異常がみつかり服 　薬開始(デパケン)	
□服薬調整	
□診断： 　広汎性発達障害 □服薬調整： 　リスパダール追加	□個別指導(週1日)：社会的認知指導と応用行動分析 ◆家庭と学校での課題を分析し, コミック会話やソーシャルストーリーズの技法で他者の意図や問題解決の方法を理解させたり, 個別で約束表を作成し, 家庭や学校で使用してもらったりした ◆社会性の問題について学校から相談を受け, 病院での再診断をすすめた
□服薬調整	上記に加え, □個別指導(月1回)：カウンセリング 本文にて詳細報告
□服薬調整	【特例子会社】 ・職員の見ているところではきちんと作業ができるが, 見ていない場所での落書き, 物品破壊, 隠れての飲食など ・遅刻, さぼり, 徘徊などの問題で退職 【就労支援センター】 ・特例子会社退職後のフォローを行ったが左記の問題継続のため中途終了 ◆特別支援学校コーディネーターによるフローアップ　3年間 【作業所】 ・異動直後は意欲をもっていたが会社と同様の問題で退籍 【通勤寮】 ◎地元のスーパーで勤務しながら自立訓練を受けている ◎寮の指導者の支援の下, 情緒的には穏やかに過ごしている ・人の見ていないところでの盗みや過食などの問題は続いている

表7-2 ダイキの語りから抽出された自己や他者に関するカテゴリーとその例

自己に関する語り

《自己の情動状態》

カテゴリー	例
〈怒り〉	弟が人形をなくして、ものすごい勢いで怒鳴りました。
〈不安〉	犯罪犯しちゃうんじゃないかと思ったことがあります。
〈恐怖〉	お父さん怒ると怖い。
〈罪〉	今、これやってはいけないって(思った)。
〈恥〉	(近所の人と顔をあわせるのは?)恥ずかしい。
〈悲しみ〉	(会社を首になったら?)悲しい。
〈羨望〉	企業の人ってすごいと思った。(清掃の人かっこよかった)
〈嫉妬〉	なし[祖母に弟のほうが役に立つと言われるが嫉妬の言及はない]
〈嫌悪〉	(友だちは?)誘うのは断られたら嫌だから。
〈幸せ〉	(お台場は?)楽しかった。
〈誇り〉	会社に入れたら自分のことをどう思う?誇らしい。
〈安堵〉	(家族がいるから?)安心。(いないと)さびしい。
〈希望〉	物静かな人になりたい。
〈愛〉	(姉は)帰ってきて、…楽しかった。(「好きなんだね?」)うん。
〈同情〉	(クラスメイトが実習で失敗し)かわいそうになってきた。
〈甘え〉	家族には許されると思って。
〈諦め〉	しかたがない。
〈後悔〉	やりすぎた。
〈自尊心〉	僕を一度試してもらいたい。(信用してほしいの?)信用してほしいんです。
〈身体的不快感〉	いらいらする。落ち着かない。月曜日は疲れるから。
〈興奮〉	調子に乗った。ふざけた。

《自己の欲求》

カテゴリー	例
〈金銭〉	お金がないから。
〈物品〉	ゲームが買いたい。サンドバッグが買いたい。テレビがほしい。
〈性的関心〉	お年頃だから、ピンクのオーラがおりてきて。
〈カームダウン〉	これは僕の部屋って部屋がほしい。一人になりたい。TVがあれば落ち着く。
〈対人交流〉	また遊びに行きたいです。
〈就労〉	3年だから決めたいです。働くのは清掃のところがいい。就職を決めるのは自分のところでは会合を治して気合を入れて1学期みたいに学期が微妙な判断じゃなくて判断できるようにしたいと思います。
〈助言〉	母さんがハーフしたらって言ってくれるので助かります。お父さんもぼくの気づいてもらいたいことは言ってもいいんです。母さんにもちゃんと怒ってはいけないんです。

〈理想の自己像〉 物静かな人になりたい。見てないところでも細かいところに気づける人になりたい。2学期からまじめな人にならない…他人のことをばれるようにならないといけないと思ったんです。

《自己の評価》

カテゴリー	例
〈制御の困難〉	どうしてもお金をつかってしまう。やることいっぱいあってもう限界です(母でない)。思ったことをすぐ口に出して言ってしまうんです。言ってもわからないからつい勢いで言うんです。
〈不注意〉	いろんなところ見逃している。(大さなの?)いえ、気づかないんです。
〈未熟さ〉	まだ物足りないから企業なら評価します。僕は落とされるほうです。
〈成長〉	前はわからなかったのがわかるようになったんです。

他者についての語り

《他者の情動状態》

カテゴリー	例
〈幸せ〉	(クラスメイトは)久しぶりに会えって楽しそうだった。(内定が決まって)家族は喜んだ。
〈嫌悪〉	お姉さんは不愉快に思っているからやめたほうがいい。先生は女だから嫌がる気持ちする。
〈怒り〉	怒られた。
〈困惑〉	お母さん困ってる。「手抜きは困る」と言ってる。
〈恥〉	(姉は)恥ずかしい。
〈悲しみ〉	採用されないと悲しい。「こどきになったら悲しみます」って(先生が言った)。
〈驚き〉	先生に話して「びっくりしたよ」と言われた。
〈無理解〉	(近所の人が変な声聞いてたらどう思う?)おかしなことと思う。(そういうことを考えたこともある)ありません。

《他者の行為の叙述》 弟はおじいちゃんに会いに行ってる。

《他者の発言の叙述》 病院のおじさんの先生に「我慢しなさい」って言われました。

《自己の欲求》では，〈金銭〉や〈物品〉〈性的関心〉などの基本的な欲求の他，〈対人交流〉〈就労〉〈理想の自己像〉など高次の欲求も見られる。「僕に気づいてもらいたいことは言ってほしい」という〈助言〉を求める欲求はダイキが自己判断の困難さに苦悩していることを示唆している。《自己の評価》の〈制御の困難〉に示されるように，ダイキはどうしても自分の情動や行動を制御できないことに悩んでもいる。〈カームダウン〉への欲求は情動的な喚起が高まることが多いことから「一人になりたい」「個室が欲しい」という語りが生じているものと思われる。

また，同級生らとの〈対人交流〉も望んでいるが，実際には「(友人を誘いたいが) 断られるのが怖い」という葛藤も示している。また，〈不注意〉や〈未熟さ〉をも自覚し，他者からの助言を受けての〈成長〉も自覚している。ダイキは自己の内面を省察し，表現する力は全般的な幼さはあるものの，自己の確立を目指して成長しているものと思われる。

4 情動喚起（興奮）の制御が困難な場面と制御が可能な場面での情動調整過程

ダイキが訴える〈制御の困難〉の場面ではどのような情動状態がダイキ自身の心身に生じているのか。また，同じような情動状態であっても適切に情動を自己調整したり，あるいは他者からの働きかけに従って情動を相互調整したりできるとすれば，どのような過程が存在するのだろうか。情動喚起（興奮）の自己制御を示唆する代表的なエピソードを下記に紹介する。

（1）恐怖という情動喚起（興奮）の自己制御

『暗くて怖いから騒ぐ』(20XX年7月)

　夜騒いでる。(どうして？) なかなか眠れないから。…略…TV見れないと暗いから怖い。(どんなふうに騒ぐの？) いろんな物語を作る。ドリフのまねとかすると楽しい。

『父の前では怖いから騒がない』(20XX年7月)

　父さんはお酒飲んでるときは特に怖い。怒ると怖い。ぼく，怒ると怖い人の

前ではおとなしい。父さんすぐ怒鳴るから。大声出すと，怒られていると感じる。（お父さんがいないとどうなの？）怖い人がいないと羽を伸ばせる。（お母さんは？）怒っても大声出さない。（大声が怖いの？）<u>やばいと感じる</u>。騒いでいるとおこられるぞって。

『誰とも構わず叩く』（20XX＋1年3月）
　疲れたときは暴れちゃう。早めに寝たいと思ってひと暴れしたら寝る。（ひと暴れって？）ワーワー騒いで手の付けられないようなことをする（手の付けられないことって？）暴力とか。誰とも構わず叩く。

　　　　　　　　　　　　　　　　※（　）内は筆者の発言（質問・促し）

　『暗くて怖いから騒ぐ』という語りからは，ダイキが不快な身体状況（内臓感覚など）の喚起を鎮静する過程がみてとれる。ダイキにとって騒ぐ（面白いことを言う）行為は恐怖という情動喚起（興奮）状態の発散となっており，ダイキ自身による情動の自己調整といえる。この時点では，ダイキは他者の存在を意識しておらず，他者との相互作用は生じていない。

　一方，『父の前では怖いから騒がない』というエピソードには，他者（父）の存在が知覚され影響している。ダイキはその恐怖の喚起状態を平衡化するために，他者（父）が叱るのをやめると安心するように結果的に問題行動の抑制を行っている。同じ状況でも，母が相手だと騒ぐ行動は自己制御されない。とはいえ，父に対する恐怖心も，常に自己制御的に働いているわけではない。『誰とも構わず叩く』のエピソードで述べられているように，身体的な疲労を感じているときなどは，父が相手でも恐怖を感じることなく，発散として騒いだり，暴れたりすることがあるとも語っている。これは，彼の情動が心身的な調整にかかわるものであることを示している。

　ダイキにとって「恐怖」の情動喚起状態はかかわる相手や自己の内的状況によって異なる行動に結び付いている。身体反応を伴う情動状態を平衡化させるために，自己の行動を変容させるという情動システムでは，特定の情動が必ず特定の行動を引き起こすとは限らず，外界の刺激として他者からの介入が行動の方向付けや抑止に結び付いたり，本人（個体）の情動状態（気分）によって，

相手の感情や行動の結果を予測するなどの社会的認知機能を低下させたりすることによって，社会的行動に影響を与えていると考えられる。

（2）「恥」による情動喚起（興奮）の自己制御

　ダイキの「恥」に関する発言はもともと自発的な語りではみられなかったが，家庭内で興奮して「変な声（大声）」を出すことを家族からたびたび「恥ずかしいからやめて」と言われていた。性的関心からくる情動喚起（興奮）状態を自己制御できないことで，問題がエスカレートしていたため，筆者が指導介入として「先生が変な声を聞きに家に行きましょうか」と言ったところ，赤面して激しく拒否するという場面があった。明らかに身体的変化反応を伴う情動喚起（興奮）が観察されたことから，その感覚が「恥」の感覚であることを筆者が指摘した。その後，「恥」に関する理解が家族や見えない他者（近所の人）に対しても拡がっていった過程を以下に示す。

『家族にはいいけど，先生や友人には恥ずかしい』（20XX年8月）
　（変な声はどうしますか？　先生が家に聞きに行きましょうか？）女の人に見られるのはセクハラです。（お母さんもお姉さんも女ですよ。）家族だから。先生は女だから嫌な気持ちする。
　（家族ならいいんでしょ？　なら，友だちや先生に見られてもいいんじゃない？）ダメです。絶対ダメ。（どうして？）嫌な気持ちになるから。そして，僕と話したくなくなるから。

『近所の人の気持ちを想像できるようになった』（20XX年11月）
　（近所の人が変な声聞いたらどう思いますか？）おかしな子だと思う。（そういうこと考えたことありますか？）ありません。（近所の人と会ったらどう思うかな？）変な声聞かれてたらどうしようって思う。（もう何回も聞かれてるね。）もうやめる。（はずかしい？　はずかしいって気持ちわかった？）はい。（今まではどう思ってたの？）少しくらいいいと思ってた。これからは近所の人のことを考えて言わないようにする。

『家族も自分と同じように恥ずかしいと思っているとわかった』(同上)

　家族の気持ちを考えてうるさくて嫌だと，特にお姉さんやお母さんは思っています。(近所の人がこの家には変な子がいるなって思っていることをお姉さんやお母さんはどう思っているかな？) 恥ずかしいと思っている。(いつもお姉さんはそう言ってたよね。) 今わかりました。…いけないって制御します。

　ダイキが「変な声 (大声)」を出すことについて，家族は「恥ずかしいからやめて」と度々訴えていたが，ダイキはその言葉の意味は理解できても「恥」の感情がどのようなものかを身体反応を通して感じたことがなかったのではないかと思われる。筆者の介入で赤面という身体反応を伴う「恥」の情動状態を初めて理解したのかもしれない。この身体変化を伴った「恥」の情動体験が，「恥ずかしいからやめて」という家族の感情の共感や自己の行動の抑制にもつながったと解釈できる。

(3) 不安という情動喚起の自己調整

　ダイキは他者感情については多くを語ることがなかったが，高校担任とのやりとりの中で「他者の悲しみ」について唯一以下のように語った場面があった。

『先生は悲しみますって言われ思い直した』(20XX 年 12 月)

　友だちが実習で失敗して，ぼくも失敗するかもって思って，不安になって，働くのやめて浮浪者か犯罪者になろうかと思った。でも (担任の) 先生が「そんなことさせません。浮浪者になったら悲しみます。犯罪者にはさせません。」と言ったので思い直した。

『死んじゃうかもしれないからしっかりする』(同上)

　(浮浪者になったら，先生は悲しみますって言われて，どう思った？) ちゃんとしっかりしなきゃと思った。死んじゃうかもしれないから。浮浪者になったら (自分は) 生活できないよって。

　『先生は悲しみますと言われて思い直した』という語りを聞いたとき，筆者

はダイキが担任の悲しみに共感し，自分の悲しみを鎮静するために「思い直した（行動を改めようと思った）」と述べたものと考えたが，その後の『死んじゃうかもしれないからしっかりする』という語りを含めて分析すると，ここでダイキの不安という情動喚起状態を鎮静させる調整子となったのは「担任の悲しみに対する共感（悲しみ）」ではなく，「生活ができなくなることに対する不安」ではないかと再解釈した。ダイキは他者の悲しみを認知的に理解することはできるが自己の心身状態に共振するような共感を生み出せないのかもしれない。しかし，担任との会話の中で浮浪者生活への不安が生じ，自己の不快感情を平衡化させるというしくみでの回復機能は有しているのではないだろうか。

　分析結果からダイキは自己の欲求や情動喚起の自己調整の難しさを自覚し，その解決を望んでいることがわかる。そして自己の情動喚起（興奮）状態を自分なりの方法で自己制御しようとしているが，その方法が迷惑行為となっている。ダイキは迷惑に感じている他者の感情を理解できていなかったり，理解できていたとしても，相手との関係性によって生じる情動状態によって行動が制御されたり，されなかったりする過程が存在することが示唆された。

　また，恐怖心や不安などの不快な情動が平衡化される際には，必ずしも同じ行動を引き起こすわけではなく，複数の行動レパートリーが存在し，そのいずれを選択するかについては，内的状況が良好なときには，結果の予測（〜するとつかまるからやらない）などの認知過程が関与するが，内的状況が劣悪なときには，認知を介さない直接的な行動（欲しいからとる）を選択することが示唆された。

5 地域支援に支えられて自立を目指すダイキ

　ダイキは就労先でも多くの支援者に支えられ，職場の仲間と会話を楽しむ姿もみられた。しかし，新しい環境に慣れるにつれて緊張感が緩和すると，家庭と同じように隠れて器物を破損したり，休憩室においてある他人の食べ物や飲み物を飲み食いするようになった。そのことで指導を受けると無断欠勤が始まり退職している。その後は，就労支援センター，就労継続支援Ｂ型事業所に移

行したが，同様の問題が繰り返されている。現在は家庭を出て通勤寮に入り，地域の小売店で働きながら自立にむけての支援を受けている。

　本稿をまとめるにあたって，現在の状況を確認するために久しぶりにダイキのカウンセリングを行った。ダイキの人懐こい笑顔は初めて会ったときと全く変わらず，職場や生活寮での仲間や上司，寮の職員とのかかわりについて以下のように語ってくれた。

『自分で抱え込んでいるのを支援者が聞いてくれる』（20XX＋6年）

　（寮に入ってからどうですか？）自分で抱え込んじゃっているのをどうしたのって聞いてくれる。職場の人もちょうしどう？って聞いてくれる。（一人暮らしは？）盲点があるので，グループホームのほうがいいんじゃないかって…。ここに入って，僕の心を読まれているので予防策を考えてくれるので自分で成長したなと思う。（たとえば？）顔でわかるみたいです。「なにやってんですか」とか「だいじょうぶ？」って声かけたりしてくれるし，怪しいって思ったら確認の電話をしてくれたりとか。仕事を続けて自分がどれだけ成長したか判断してもらって，グループホームで自分を磨き上げたい。

『自分で抱え込んだりしないで人に話す』（同上）

　自分も成長した。（どんなふうに？）言いたいことをちゃんと言うとか，どうしても我慢できないことは相談したり，自分で抱え込んでいないで人に話す。一度失敗したことを職員に報告できるようになりました。

　家庭を出て，社会で独り立ちしようとしているダイキの語りからは，家族に代わって地域の支援者との強いつながりに安心の基盤を築いていることが感じ取れる。ダイキの欲求の自己制御の困難さは今も続いているが，離れてはいるが愛情深く見守っている家族や支援者の適切で粘り強い指導の中で激しい暴力や暴言には至らず，穏やかな生活が過ごせている。

6 まとめ

　須田（2018）は発達的支援の在り方として，①人工的な支援ではなく日常の連続性の中での支援であること，②当事者の内発的な力を尊重すること，③地域や家族など本人を取り巻く周辺の人々への支援につながっていること，という3つの原則について論じている（須田，2018）。ダイキの事例は日常の連続性の中で，家族だけでなく，各ライフステージにおいて出会う人々とのかかわりの中で地域支援が継続されており，その背景には発達障害児・者の支援に対する法整備を含めた教育や福祉における社会的な支援の発展がベースに存在している。ダイキは重篤な衝動性という生物学的な制約から免れることは困難なように思われるが，自己の問題についてともに解決してくれる家族や地域の支援者に対する絶対的な信頼感を持っており，その信頼感こそが心の回復力の基盤となっているのではないだろうか。

【引用・参考文献】

Flick, U. (2005). *Qualitative Sozialforschung : Eine Einfüehrung.* Rowohlt Taschenbuch Verla.
　　（フリック，U．小田 博志（監訳）(2011)．質的研究入門――＜人間の科学＞のための方法論　春秋社）
Gray, C. (1994). *Comic Strip Conversations.* Future Horizons Incorporated.
　　（グレイ，C．門 眞一郎（訳）(2005)．コミック会話――自閉症など発達障害のある子どものためのコミュニケーション支援法　明石書店）
Gray, C. (2001). *The New Social Story Book.* Future Horizons Incorporated.
　　（グレイ，C．服巻 智子（監訳）・大阪自閉症研究会（編訳）(2005)．ソーシャル・ストーリー・ブック――書き方と文例　クリエイツかもがわ）
木下 康仁(1999)．グラウンデッド・セオリー・アプローチの実践――質的研究への誘い　弘文堂
須田 治(2017)．感情への自然主義的アプローチ――自閉症スペクトラムへの発達支援　金子書房
須田 治(2018)．情動発達支援――ASDへの自然感情チューニング　森岡正芳(編著)　臨床心理学, *18(2)*, pp.189-192.

第8章 友人関係にかかわるASDの心と行動のカウンセリング：中学生支援

佐竹真次

1 はじめに

　ASD者においても情動調整の困難の背景要因は各々異なっており，適切な介入法を，入念なアセスメントに基づいてさまざまな介入法のレパートリーから選択する必要がある。

　本章の表題では，カウンセリングという文言を用いつつも，対象者の他者に対する過敏な感覚と不安な気持ちや恐怖感を傾聴するだけにとどまらず，それらの改善に向けて次の一手を選択するにあたり，認知行動療法（大野，2010）に基づく損得分析（中島，2009）を簡略的に取り入れた。本事例は対人的苦痛を表明することで自分の行動範囲を狭めてしまうようなスキーマをもつことを窺わせたものの，冷静なときには現在の状況に関する再検討的な思考も可能とみられたことから，認知行動療法の適用が可能であると考えた。また，本人に内在する強みを見出し，それを他者のために役立つスキルにまで育て，行動として実行し，活躍を体験することをも目指した。それらによって，対象者は他者に対する過敏性と不安と恐怖を軽減するのみにとどまらず，ポジティブ情動をもって他者を受け止めることができるまでに変容した。

2 ケースのプロフィール

　A，女子，父と母との3人家族，相談開始時は12歳，小学校6年生，通常学級在籍であるが，5年生の6月より週2時間の個別指導，7月より週5時間（1日1時間）の個別指導を実施している。精神科医師によりアスペルガータイプの広汎性発達障害，不安・抑うつ神経症，および日光過敏症と診断されている。対

人コミュニケーション質問紙（SCQ）のスコアは20点（SCQの自閉症のカットオフは15点）であった。

受容的な大人との一対一の場面では，「自分はアンパンマンを尊敬しているが，気に入らないところもある。『愛と勇気だけが友だちさ』なら，食パンマン，カレーパンマン，ガバオはどうなるんですか？」「アンパンマンのアンは粒あんですか，こしあんですか？」などと，ユニークな質問をして対話を楽しんだり，アニメ・キャラクターを描くことが好きで，実際に描いてみせたりした。

学習面では，漢字の読み取りは7割ぐらい可能であるが，文章の理解力は小学校中学年レベルであった。ボールを使った競技に参加することはほとんど無理であるが，水泳では5メートル程度泳ぐことができた。走るときの格好は不自然であった。

生活面では，時間を守ろうとし，掃除も真面目にできていた。しかし，人からの指示を正確に理解することが難しく，友だちが通訳する形で教えてくれていた。言葉を話すことはでき，特定の友だちとマンガ描きを通してコミュニケーションすることはできたが，他の多くの友だちとかかわりをもつことはできなかった。とくに，「小さい子が怖い」と言い，自分よりも年少の児童と廊下ですれ違うときに，壁に向かって縮こまっていた。また，クラブ活動への参加も嫌がった。

3 同級生に対する過敏性
【初回面接（11歳10ヶ月）～第5回面接（12歳0ヶ月）】

Aは6年生の1学期末から，これまで継続していた個別学習の担当教師に「教室にいることがつらい。ずっと個別で学習したい。特別支援学級でもいいので，とにかく教室ではなく，少人数の教室で勉強したい」と訴えた。「気持ちが悪い。お腹が痛い」と体調不良を訴え，欠席・早退することが増えた。7月には，髪の毛を自分でハサミで極端に短く切って来た。

「6年生になって，運動会等，行事の中心で振舞わなければならないのに，何をしたらよいかわからない」「登校班の班長になったが，下級生に注意ができない」「人の目が気になり，自分の考えが人に伝わるんじゃないかと心配だ」「以前は一人でいることが好きだったが，今は一人だと淋しく感じる」などと述べる

ことから,思春期になり他者の存在に対して過敏になる一方で,それに応じた行動をとることができないことが,高い不安状態や恐怖感をもたらしていると考えられた。

このように,身体症状が出ている場合には,環境調整を行うか環境への参加のし方を選択することが,当面の学校参加と,ひいては情動の調整にもつながると考えた。そこで,筆者は,学校への配慮要請とともに,本人には認知行動療法に基づく損得分析(中島,2009)を簡易化して用いることとした。具体的には2つの選択肢を共に考え,それらの損得を分析し,本人と保護者が理由を明確にして主体的な選択をできるように支援した。

通学のし方の損得分析

1) 6年生の班長の役割を果たすことは,責任感があると評価される(得)。しかし,身体が辛くなる(損)。
2) 一人通学・送迎通学をしたら恥ずかしい(損)。しかし,身体への負担は軽くて済む(得)。

その後,Aは一人通学を選択し,登校を続けることができた。

4 同性の同級生に対する不安と恐怖
【(第6回面接(12歳1ヶ月)~第9回面接(12歳5ヶ月)】

次の時期には,Aは同性の同級生に対する不安感や恐怖感の増加を訴えるようになった。Aは「女子はトイレに2~3人組で行く。なぜ一人で行かないのか? 恥ずかしくないのか?」「最近女子が怖くなってきた。女子には気が強い人が多い」「女子から肩や腕を軽く何回も叩かれ,苦しい」と言った。

そこで,次のような損得分析を行って,どちらがベターかを考えてもらった。

同性とのかかわり方の損得分析

1) 同性の友だちと一緒にいれば自然に見える(得)。しかし,わずらわしい(損)。
2) 同性の友だちとのかかわりを断り離れていれば,孤立しているよう

で恥ずかしい（損）。しかし，落ち着いていられる（得）。

　Aは2）を選ぶことにした。その後，第7回面接でAは「同性の友だちとは離れても気にしないようにしようと考えている」と語った。

　最近は「学校に行こうとするたびに，楽しくないことをしていると思い，疲れる」「楽しいことは好きなゲームをやること」と述べ，中学校に入ったら「帰りが遅くなり，夕方7時ぐらいになる日もあるらしい」「特別支援学級に入る予定で，部活には入らないつもり」「朝何時になったら，家の扉を開けて出ればいいんでしょうか？」「委員会も心配」と，今後の不安を口に出した。

　筆者は，まずは特別支援学級に入って，部活や委員会への参加は先生と相談して決めれば良い，と助言した。

　この時期，精神科医師から広汎性発達障害と診断され，病院で実施したWISC-Ⅲの結果，FIQが60台で軽度知的障害の域に入っていたことから，親子でショックを受けるとともに，療育手帳の申請を検討し始めた。

　まもなく児童相談所に判定を受けに行く予定という。Aは知能の遅れは軽度なので，ちょっとした集団やイベントにも恐怖感を抱きやすく，適応力が低いことを正確に伝えた方がよい，と筆者は助言した。

5　中学校支援学級の仲間に対する不安と恐怖
【第10回面接（12歳10ヶ月）～第18回面接（13歳11ヶ月）】

　中学校に入学後，一人で登校できるようになった。特別支援学級（Aを含めて5名）に在籍し，仲間が穏やかで，部活も委員会も免除されているので，小学校のときより楽になったと感じていることが理由のようであった。

　しかし，「もう1つの支援学級に騒ぐ子（7名中3名）がいるので，合同授業のときにうるさくて困る」「給食の準備などで協力するのが苦手だ。自分の役割が済んだ場合，どうやって時間を潰せば良いかを悩む。誰も見ていないのに冷たい視線や罪悪感を感じ，吐きそうになる」「そのクラスの男子が独り言や人の嫌がることや下品なことを言う。しつこく話しかけたり，息をかけてきたり，私物を触ったりする。先生にも注意してくださいと頼んでいるが，先生の注意を聞かない」などとも言うようになり，仲間に対する不安が再燃していった。

特に，そのクラスのB（女子）が自分のクラスに侵入してくることで困っているという。「Bはしつこくちょっかいを出してくる。なんとか逃げているが，腕力が強く暴力を振るう。恐いから来ないで欲しいが，角で待ち伏せする。無視すると攻撃される。後ろから蹴ったり顔を近づけたり，スカートをめくろうとしたりする。廊下で踊ったり歌ったりする。『〜しちゃダメ』と言って，人のやることを横取りしたり，揚げ足を取ったりする」とAは言った。

また，「校門で男子が舌打ちしていたので，気になる」と言うなど，他の生徒たちに対する不安も高く，全校で行う行事には参加できない状態が続いた。

そこで，次のような損得分析を行って，対処法を選択してもらった。

隣のクラスとのかかわり方の損得分析

1）隣のクラスの生徒とも一緒に活動できると楽しい（得）。しかし，しつこくされる（損）。
2）隣のクラスの生徒から退避しかかわならければ淋しい（損）。しかし，落ち着いていられる（得）。

Aは2）を選ぶことにした。しかし，Bの執拗な接近行動は止まず，Aはさりげなく逃げたり，かわしたりする対処行動を継続するしかなかった。

また，小学校中学年までは大好きだった父親に対して，中学生になってから，「父が母をこき使い，苦労させている」「父は母を手伝わず，自分は読書，テレビ，パソコンに熱中している」と言い，嫌悪感も表明するようになった。Aが「父はイタリア料理屋で食事前にお経を唱えた」と述べたので，「そのとき抱いた感情は？」と聞いたところ，Aは考え抜いたあと，「恥ずかしいですね」と言った。恥ずかしさに気づいたのは小学校5，6年生ごろだったという。

思春期の女性が自分の父親をある日突然嫌いになるというケースは非常に多く，その点ではAさんは心配する必要はありません，と筆者は助言した。

児童相談所で田中ビネー式知能検査のIQが80台となり，福祉面接を受ける必要がないと言われて帰ってきた。話の不合理，長文理解，算数等はあまりできなかったが，記憶，共通点理解，論理の理解等ができていたらしく，療育手帳の対象にはならなかった。

6 強みとしての特技の萌芽
【第19回面接（14歳0ヶ月）～第32回面接（15歳4ヶ月）】

　仲間に対するAの不安感や恐怖感については深刻な状況が続いた。「下級生に，他人のつむじを嗅ぐ癖のある男子が入学してきた。やめるようにと言われてもやめない。他人の顔や身体を勝手に触ることもある。服の中に手を入れてきたりもする」，さらに「一般学級のある女子生徒が特別支援学級の生徒に対して，自慢したり，奇声を発したり，ひどい言葉で見下したり，追尾したり，先回りして脅したり，掃除用具箱に入れようとしたりする」とAは言った。その結果，Aは食欲がなくなり，給食も食べられなくなった。また，目まい，腹痛，頭痛，声が聞こえにくい，などの症状が出てきた。

　筆者は「我慢できる場面と無理な場面を書き出して，学校に配慮してもらうように」と助言した。しかし，それは先生にもお願いしたが，先生の見ていないところで起きるので，指導が難しいと言われた，という。

　Aは日光過敏症のためUVパーカーを着て登校しているが，Aは「皆と格好が違うので，不審者と言われる。堂々と歩いていると必ず何か言われる」と言った。これについては，学校の保健だよりで，からかわないように，と書いてもらい，また，早めに下校させてもらうように頼んだ。

　Aがもともと人物のマンガ的なイラスト描きが上手で，動物も好きであったことから，筆者はAに頼んで，ネコに似せて筆者の似顔絵を描いてもらった。非常に上手で，しかも短時間で精細に描くことができることがわかった。これを機に，東日本大震災の被災者・避難者を支援しているカフェやクリスマス会等で描画ライブを行うことを提案し，数回実現した。自分のスキルが評価され，感謝されることにより，仲間関係にまつわるネガティブ情動を忘れられる時間が生まれることを筆者は期待した。そのような体験に動機づけられ，Aは絵本を制作し，自発的に絵本コンクールにも応募した。

　児童相談所で中2の夏に受けたWISC-IVのFSIQが70であった。再度医学診断を受け，軽度知的障害の境界レベルの知能ではあるが，自閉症スペクトラム障害をもつことが加味され，療育手帳取得に漕ぎ着くことができた。また，主治医から父親に対して，Aの特性について説明してもらった。

7 高等部の新たな仲間に対する不安と恐怖
【第33回面接（15歳5ヶ月）～第35回面接（15歳8ヶ月）】

　Aは養護学校高等部に合格したが，同級生のBも合格してしまった。Aはまたいじめられてしまうのではないかと心配だった。

　Bは相変わらず，騒ぐ上に人を拘束したり無理に誘ったりして，断られると嫌な表情と舌打ちをした。しかし，Aはトイレに誘われたときに断ることができたということであった。その後，堂々とBからの誘いを断れるようになった。Bが男子と喧嘩をしているときに，Aに同意を求めてくるので，Aは「巻き込むな！」と言えるようになった。

　やかましい男子Cもおり，彼は陰口も言い，人の大切にしているものをけなしてばかりいる，ということであった。

　しかし，担任も副担任も話し相手になってくれる先生たちで，問題解決策を一緒に考えてくれるので，本当に助かるということであった。全日出席できる日もみられるようになり，母親は驚いていた。

> **損得分析の成果**
>
> 中学校のときに決めた，無理な誘いは断ること，うるさい人にはかかわらないこと，としていた方針が実行できていたので，その実践を筆者は賞賛した。

　教科学習主体のカリキュラムであるが，美術を選択できるということもあってか，朝5時に起きて夜8時に寝るという習慣ができた。食欲も出てきた。Aは「高等部での楽しいことは，担任たちと話すこと，図書館で読書すること，担任をモチーフにした着せ替えイラストを描くこと」「義務教育ではないので，単位を取るために毎日登校している。自分が高校生だと感じることが増え，楽しめているので，中学のときにできなかったことをやろうと考えている。対人関係も改善しようと思う」と語った。

友人関係にかかわるASDの心と行動のカウンセリング：中学生支援　第8章

8　担任の調整力と信頼性による回復
【第36回面接（15歳9ヶ月）～第51回面接（16歳11ヶ月）】

　7月の授業参観のときに，生徒たちの行動がバラバラだったので，担任が「統一が取れるようにしてください」と生徒たちに訴えた。ついAも「仲よくしよう」と呼びかけた。「担任の訴えには人を避けてばかりいては何にもならないという内容が含まれていたので，自分も自覚した。とりあえず，苦手なCに挨拶だけでもするよう努力しようと思う」とAは語った。

　Bについては，「彼女の特徴，個性と思えるようになってきた。やかましく好き放題なことをしても，周りからは嫌われない個性と思えるようになってきた」と言った。また，「むしろCの問題の方が大変。やかましさが違う。冗談で済ませられない不穏なやかましさ。人を批判する」と言いながら，「でも，周りにはCをあまり気にしないでいる人もいる」とも言い，別の視点を取れるようにもなってきた。「これまで教室での不安や恐怖を逃れるために行っていた図書室登校が減り，教室が自分の居場所だという自覚も出てきた」と言った。

　担任がAのイラストを用いてお話を即興で作ってくれたり，担任をモデルにしてAがイラストを描いたりするようになった。担任とムーミンの話をしていたら，「自分もその世界観が好きだ。ミーの格好が好きだ」と担任がイラストを描いてくれた。他の先生たちも「女装の趣味がある」とか「自分はゲイだ」などと冗談のようにカミングアウトしてくれた。笑わない英語の先生にロリータの似顔絵を描いてあげたら笑ってくれた。そのようなこともあり，Aは初めて「学校は楽しい」と言った。母親から見ても，Aの不調からの立ち直りが早くなり，親戚の人とのかかわりも広がったということであった。

　口の悪い理科の先生が，「俺はハゲだな。そう思うだろ。A」と言ったので，Aは「はい，そうですね」と答えた。先生は「何だと！」と怒ったという。Aは「先生がわざわざコンプレックスを主張すると思わなかった。隠語だらけの人とそのまま受け取る人とでは，話にならないことがわかった。そのまま思ったことを口に出す人は少数派で，隠語を言う人の方が多いこともわかった」と語った。

　「0か100かでなく，グレーを目指すといいよ」と筆者が言うと，主治医にも同じことを言われたという。

9 自らの強みの安定化
【第52回面接（17歳2ヶ月）～第57回面接（17歳11ヶ月）】

　市の美術館で人を動物で描いた似顔絵を出品し，描画ライブもやるようにという依頼が，かつて職場実習を行った施設を通して伝えられた。驚きと喜びに沸いた。当日，数名の同級生が手伝いに来てくれた。ここで同級生に対するAの見方が変わった。その中にはBもおり，マネージャーをやると申し出た。Bについて，「彼女はどんなに自分に罵声をかけてくる人にも話しかける。その度に泣いたりする。自分から傷つきに行っている。そんな彼女が傷つけられているのを見ていると，自分のことのように辛いと感じるようになってきた。矢面に立ってくれる彼女の有用さがわかってきた」とAは言った。市の美術館でのライブでは56名に人を動物に似せた似顔絵を描いて提供した。担任をはじめ5人の先生たちと主治医も，実習をさせてもらった施設の職員も応援に来た。

　その後Aは「Bや他の友だちが私の生命維持装置のように思えてきて，感謝の気持ちも勇気も出てきた。自分の悪いところも捨てられるようになった。（過剰な）恥らいを捨てられたのはBが外出に誘ってくれたからだった。自信も得たし，細かいことにこだわらなくなった。尊敬する男子生徒が『自分は他人を気にしない』と言う。そのセリフが頭に残っていて，最も嫌だったCのことも最近は見ないようにしている。以前は嫌なものまで見ようとしていた。嫌なものは無理に見なくてもいいんだ，と思うようになった。それを聞いていた父が褒めてくれた。普通褒めない人が褒めると不気味に思える」と語り，他者のポジティブな側面を積極的に認めようとする態度を明確に示すようになった。

　さらに，「Cが情緒的に調子が悪いとき，自分は先生たちから放っておかれた。でも，前向きに考えて，自分は信頼されているから，放っておかれてもいいかと思えた。最近『やきもち』を焼いている自分を自覚できるようになった」とAは語り，自分の情動状態を客観視できるようになっていることを窺わせた。

教師の支援と自らの強みの発見による仲間に対する評価の変容
　Aは高等部教師らによる自分への理解と自らの強みの発見を通して，かつて不安や恐怖の対象であった仲間たちの価値を再評価できるようにな

り，つまり，仲間に対する認知を変容させることが可能となり，それによって情動を調整する機能をも向上させることができた，と考えられた。

10 就職への不安
【第58回面接（18歳0ヶ月）～第64回面接（18歳6ヶ月）】

　就労継続支援施設B型で2週間の職場実習をした。「カフェグループでの実習は楽しかったが，言葉を持たない利用者が多数派で，急に腕を掴まれたりして恐怖を感じてしまった。安全な場所を選んだり，自分の荷物を他の人の荷物から離して置いたりした。食欲もなくなった。しかし，違いを受け容れる力のない心の狭い自分を責めてしまった」と，Aは新たな不安感や恐怖感について語ったが，自発的な反省の意識の出現も窺わせた。

　Aの社会的な過敏性と不安の高さを考慮しながら三者協議を重ねた上で，その就労継続支援施設B型に内定が決まった。その時点でAは「恐すぎて感覚がマヒしてしまうのではないかと心配だ。安心できる唯一の先輩が辞めてしまったらどうなるかが心配だ。物事を断るにしても，自分が悪者にされないために，オブラートに何重にも包んで話さなければいけない世界，『変』とか言えない世界だ。ここに1～2年いて，その後，別の新しい職場に移りたい」と語った。

　その後，高等部を卒業し，2つの就労継続支援施設B型の勤務を経験し，さまざまな人間関係の経験を重ねながら，人を動物に似せた似顔絵の描画ライブも定期的に依頼を受けて実施し，とりあえずの社会的適応状態を維持している。

11 まとめ

　Aは他者に対する過敏な感覚と不安感や恐怖感を抱きやすい情動特性をもっていたが，それを調整するための有益な行動を選択できるように，認知行動療法に基づく損得分析を簡略的に取り入れた。損得分析は認知的要素を含んではいても極めて簡潔な方法であるため，Aの認知そのものに影響を与えたというよりも，むしろAの苦手な他者との間に一定の距離を置くという行動的ルールを形成するためのきっかけとして役立ったのではないかとも考えられる。

しかし，さらにAは似顔イラストを描けるという強みを見出し，活躍を体験することにより，協力してくれた苦手な友だちに対する評価を変容させた。具体的には，友だちが自分の生命維持装置のように思え，感謝の気持ちが出て，自分の悪いところや細かいこだわりも捨てられるようになった，ということであった。

　ASD者はやりとりが一方的になりやすいものの，人との間に疎通しやすい対象や状況が存在する場合があり，その例外事象を探してそれを当事者の居場所として体感してもらい，現実にかかわれる新たなルートを生み出そうとする「自然主義的アプローチ」が提唱されている（須田，2017）。

　今回のAの他者に対する評価の変容は，見出された例外事象が居場所となり，新たな現実対応ルートが生じたことによってもたらされたとも考えられる。そして，それは緊張を緩和し情動を再編することにも寄与したと考えられる。

【文　献】

中島　美鈴(2009)．私らしさよ，こんにちは──5日間の新しい集団認知行動療法ワークブック　自尊心をとりもどすためのプログラム　星和書店

大野　裕(2010)．認知療法・認知行動療法治療者用マニュアルガイド　星和書店

須田　治(2017)．感情への自然主義的アプローチ──自閉症スペクトラムへの発達支援(p.138)　金子書房

|解| |説|

情動支援について

須田　治

　昨今の心理学書には，さまざまに異なる情動調整の説明が見られる。しかしダマシオの「情動が起こるとき，その変化が認知より優位になる」という説明が，おそらく脳神経科学的に検証された妥当なものと考えるべきだろう（第1章参照）。それにより，発達的アプローチや調整への理解が進むことが期待できるだろう。

　注目すべきは，以下の第1モデルが，限られた条件でしかはたらかないことである。認知では制御できない情動の問題が，困難を深めるのである。

情動調整とは

　まず「情動調整」について包括的に理解を進めていこう。

　第1のモデルでは，情動調整は，衝動性の高いイヌに鎖をつけてしつける，というイメージでとらえられる。これは考え，あるいは認知による「鋳型づけ」が育つことで，その子は身体制御ができるようになるはずだとみる考え方である。そう信じている人びとは，健常者としての人々の節度，行儀良さ，なだまりやすさを見ているようである。たとえばコップ（Kopp, 1982）は，衝動に惑わされずに，自分を律することが3歳ごろにできるようになるとみている。情動的な混乱を起こさない，自己抑制のあることがお利口な子であるとする見方である。たとえば日本人の子どもは，衝動を我慢できると一時注目されたことがある。自我コントロールが良いから日本社会は安全なのだとも解釈される。しかし，アメリカでも開拓の時代からキリスト教福音派などで自己抑制のある良い子が育つことに関心が強かったといえる。もちろんこの関心が妥当であることもある。

　第2のモデルでは，むしろ身体そのものに宿るような衝動的エネルギー，喚

起（arousal）というような活発性を，抑え込むことは難しいとみる。意志は状況に流されて当然であり，身体そのものの変化をうまく進めるやり方を探すしかないとみる。イヌが衝動的に吠えるとき，強く制御をしても必ずしもうまくいかない。うまい飼育者は，いきり立つイヌに，コンコンと気になる音を聞かせ，アレ？ とイヌの注意を引き，喚起が上がらないようにしてしまうという。たとえば第4章のケースでも，母親が愛情をもって怒っていた子を抱いていたときには暴力は沈まることがなかった。しかしある日，母親は怒りを高めつつある子どもに「あ，12時だ。12時はお昼だよ」と言って，気分転換をさせた。母親は子どもの喚起を穏やかにして，愛情を示すようになったのである。

チベット仏教のダライ・ラマ14世は，一度立ち上がった怒りは，なにを思っても，なだまりはしないと言った。怒りの炎が鎮まるまで待たなければならないと述べている。認知による意志に対して情動のはたらきの方が優位とみているのである。そもそも情動は，身体的なものであり，意志による制御には及ばないことがある。上記のモデルのうち，喚起のエネルギーが小さいときが第1のモデルであり，喚起のエネルギーがきわだって強くなるときには第2のモデルしかありえないといえよう。これは，喚起の調整によって行動実行を支えると考えたヘッブ（Hebb, 1972）以来の，いわば最適喚起モデルでとらえられるものである。ヘッブの説明では刺激づけによって喚起が上昇するが，喚起の状態が最適なときに専ら情報を適切に用いることができるというのである。

多くの発達支援では，支援者が対象者とのラポールを形成するなかで疎外感をなぐさめたり，共感するなどで，すでに穏やかな質の情動に当事者を導いていると考えられる。喚起調整もしていると考えられる。

おかしな話に読めるかもしれないが，アトス山には静寂主義の修行僧というのがいるらしい。彼が瞑想するのは，いくら思い悩んでも何にもならず，いずれ自然な変化が，身体を調えてくれると気づいたからだという。それと同じようなことを，述べているのである。

第Ⅲ部の諸研究について

本書の第Ⅲ部の4論考についてもごく簡単に触れることにしよう。

支援をめぐり，海外からの技法や新しいアセスメントに飛びつくことが多い

が，ここで取り上げた4研究は，いずれも自らの方法を介して，当事者の抱えている情動的問題に直面しているように思われる。実践研究とは，当事者のために許容力のある支援者でないとできないということを，各研究において地道に自分をささげる姿に感じとることができるだろう。

　まず第5章の論考では，心的な怖れや不安が子どもの心に宿っているというときに，行動療法では，「脱感作療法」や「暴露療法」などで，身体に宿った怖れや，不安などを軽減できるという理論が背景にある。怖れのような情動反応は学習されたものであるから，怖れの状況に少しづつ暴露されることで，怖れはしだいに緩和するということが検証されようとしている。怖れを体験した子どもなどへの接近法として広汎なケースの参考になる。

　第6章の論考では，West症候群の幼い子どもが人とのかかわりを発現させる初期状況に目を向け，つぶさに把握している。関係の相互性の発現を現象学的にとらえるという方法のポイントは，縦断的な観察にある。追跡しているからこそ変化が見えてくるのである。実証された事実（evidences）とみることができるかを，問いたいという読者もあるかもしれない。しかし支援者自身が対象児とのかかわりで，得たものが描かれているととらえるなら，ここには障害児の親が，親らしくなる過程がとらえられているともいえるのである。

　第7章では，ASDであってADHDでもあるケースの暴力への行動化をとりあげているが，この20年に及ぶ支援は，非指示的なカウンセリングという方法の良さを示していると思われる。ガイダンス（助言）も含めて，カウンセリングの蓄積の重さがあるが，そこに重要な意味があるといえるだろう。まず支援者と当事者とのあいだの意志的な「お約束」や「こうすべきだった」という同意をもとに，自律的な当事者内の規律が生まれないことを，どう考えるのか。おそらく，気質的にも，障害的にも生物的な限界が少なからずあっただろう。しかし，当事者の喚起の調整困難がずっと底流に流れていたであろう。そんなやりとりのなかで支援者のパーソナリティの寛容さがその当事者の支えであり，反省できる機会であっただろう。人間関係の難しいこの時代に，信頼できる人格としてのセラピストがいることが，この当事者の諸々に深くかかわっていることが想像できた。隠れたテーマは，支援者が彼を赦せることともあり，深いものであったのである。

第8章で想像されることもやはり，認知行動療法というラベルの裏にある過程，支援者の中学生との関係の和やかさもふまえられているであろう。支援を成り立たせているのは，その支援者のかかわり方にもあり，それが当事者を落ち着かせ，関心を自らの認識のずれに向けさせたことはないだろうかと考える。

おわりに

　困難をもつ人に対する支援，思いのほか重要なのは，セラピストが情緒的に受容性のある人格であるということである。障害をもった個人の変化を「待つ」ということが必要であり，それとともに家族や当事者に，自由意志を教育的に支えることができることだと思われる。ほとんどの親がそうしているともいえる。

　しかし支援書には，機械論的な方法，あるいは人工知能の方法に代わることができるかのような発想が渦巻いている。アセスメントや，支援技法や，信頼性や，妥当性の話ばかりがそのような進歩観に染まっているかのようである。心理学的援助の科学的な妥当性は無視してよいとは思わないし，大切であるが，血の通った人間の支援ではないものを見るとそれは違うと言いたくなるのである。一昨年から，ときどき発達支援のやり方について疑問が話し合われている。新たな発達支援というものを，ずっと願っているといえる。

　今回は，たいへん良い機会をいただき，気持ちよく執筆を引き受けてくださった方々のおかげで，興味深い本になり，深く感謝を申し上げたい。

　金子書房編集部の井上誠さん，加藤浩平さんと皆様にもお礼を申し上げたい。

【文　献】

Hebb, D. O. (1972). *A textbook of psychology*. (3rd ed). Philadelphia: W. B. Saunders.
Kopp, C. B. (1982). Antecedents of self-regulation: A developmental perspective. *Developmental Psychology, 18(2),* 199-214.
須田　治 (2017). 感情への自然主義的アプローチ――自閉症スペクトラムへの発達支援　金子書房

著者紹介 （執筆順）

須田　治（すだ・おさむ）　　　　　首都大学東京人文科学研究科心理学分野
　　　　　　　　　　　　　　　　　名誉教授

川田　学（かわた・まなぶ）　　　　北海道大学大学院教育学研究院　准教授

松熊　亮（まつくま・りょう）　　　首都大学東京人文科学研究科　博士後期課程

小野　學（おの・さとる）　　　　　東京学芸大学児童・生徒支援連携センター
　　　　　　　　　　　　　　　　　特命准教授

榊原久直（さかきはら・ひさなお）　神戸松蔭女子学院大学人間科学部　講師

東　敦子（あずま・あつこ）　　　　社会福祉法人のゆり会のぞみ学園かめあり
　　　　　　　　　　　　　　　　　園長

佐竹真次（さたけ・しんじ）　　　　山形県立保健医療大学　教授

※所属は執筆時

監修者紹介

本郷一夫（ほんごう・かずお）

　東北大学大学院教育学研究科教授。博士（教育学）。東北大学大学院教育学研究科博士後期課程退学。東北大学大学院教育学研究科助手，鳴門教育大学学校教育学部講師，同大学助教授，東北大学大学院教育学研究科助教授を経て現職。専門は発達心理学，臨床発達心理学。現在は，社会性の発達とその支援に取り組んでいる。主な著書に『幼児期の社会性発達の理解と支援──社会性発達チェックリスト（改訂版）の活用』（編著・北大路書房，2018），『認知発達とその支援』（共編著・ミネルヴァ書房，2018），『認知発達のアンバランスの発見とその支援』（編著・金子書房，2012），『「気になる」子どもの保育と保護者支援』（編著・建帛社，2010），『子どもの理解と支援のための発達アセスメント』（編著・有斐閣，2008）など。

編著者紹介

須田　治（すだ・おさむ）

　首都大学東京大学院人文科学研究科（心理学）名誉教授。東京都出身。慶應義塾大学文学部，東京都立大学人文科学研究科博士課程文学博士。専門は発達心理学。背景領域：スピッツの乳児発達，ダマシオの脳神経科学，フォーゲルの自己組織化と環境，心身論的な禅と自然主義神学。主な著書に『情緒がつむぐ発達──情動調整とからだ，こころ，世界』（単著，新曜社，1999），『情動的な人間関係の問題への対応』（編著，金子書房，2009），『感情への自然主義的アプローチ──自閉所スペクトラムへの発達支援』（単著，金子書房，2017）ほか。

シリーズ 支援のための発達心理学

生態としての情動調整
心身理論と発達支援

2019年3月28日　初版第1刷発行　　　　　　　　　［検印省略］

監修者	本　郷　一　夫
編著者	須　田　　　治
発行者	金　子　紀　子
発行所	㈱　金　子　書　房

〒112-0012　東京都文京区大塚3-3-7
TEL 03-3941-0111㈹
FAX 03-3941-0163
振替 00180-9-103376
URL　http://www.kanekoshobo.co.jp

印刷／藤原印刷株式会社　製本／株式会社宮製本所
装丁・デザイン・本文レイアウト／mammoth.

Ⓒ Osamu Suda, et al., 2019
ISBN978-4-7608-9576-2　C3311　Printed in Japan

金子書房の発達障害・特別支援教育関連書籍

身体からの情動発達と子どもへの理解と支援

感情への自然主義的アプローチ
自閉症スペクトラムへの発達支援

須田　治 著

身体からの情動が人との関係を創りだす。
長年の情動発達研究による、自閉症スペクトラムの理解と発達支援の具体的な方法を解説。

A5判・208頁
本体 2,900円+税

目次

第Ⅰ部　情動のしくみ
1章　あの瞳のなかに不安がある
2章　身体内での感情のはたらき

第Ⅱ部　発達のしくみ
3章　情動はじめて人と会う
4章　主体をささえる原初的感情
5章　どのように調整は生み出されるのか

第Ⅲ部　自然主義的な発達支援
6章　自然な調整をとらえる支援の可能性
7章　試みとしての技法
8章　親とのあいだでの発達支援

K 金子書房

ソーシャル・マジョリティ研究
コミュニケーション学の共同創造（コ・プロダクション）

綾屋紗月［編著］

A5判　304頁・本体 3,000円+税

澤田唯人・藤野　博・古川茂人・坊農真弓・
浦野　茂・浅田晃佑・荻上チキ・熊谷晋一郎［著］

発達障害者の立場からソーシャル・マジョリティ（社会的多数派）のルールやコミュニケーションを研究してみました！
当事者研究から見えてきた「疑問」にそれぞれの分野の専門家がわかりやすく答えた、まさに「目からウロコ」の1冊。

◆ 序　章　ソーシャル・マジョリティ研究とは…綾屋紗月
◆ 第1章　人の気持ちはどこからくるの?…澤田唯人
◆ 第2章　発声と発話のしくみってどうなっているの?…藤野　博
◆ 第3章　人の会話を聞きとるしくみってどうなっているの?…古川茂人
◆ 第4章　多数派の会話にはルールがあるの?…坊農真弓
◆ 第5章　場面にふさわしいやりとりのルールってどんなもの?…浦野　茂
◆ 第6章　ちょうどいい会話のルールってどんなもの?…浅田晃佑
◆ 第7章　いじめのしくみってどうなっているの?…荻上チキ
◆ 終　章　ソーシャル・マジョリティ研究の今後の展望…熊谷晋一郎

K 金子書房

金子書房の心理検査

自閉症スペクトラム障害（ASD）アセスメントのスタンダード

自閉症スペクトラム評価のための半構造化観察検査

ADOS-2 日本語版

C. Lord, M. Rutter, P.C. DiLavore, S. Risi,
K. Gotham, S.L. Bishop, R.J. Luyster, &
W. Guthrie 原著

監修・監訳：黒田美保・稲田尚子

［価格・詳細は金子書房ホームページをご覧ください］

検査用具や質問項目を用いて、ASDの評価に関連する行動を観察するアセスメント。発話のない乳幼児から、知的な遅れのない高機能のASD成人までを対象に、年齢と言語水準別の5つのモジュールで結果を数量的に段階評価できます。DSMに対応しています。

導入ワークショップ開催！
〈写真はイメージです〉

自閉症診断のための半構造化面接ツール

ADI-R 日本語版

■対象年齢：精神年齢2歳0カ月以上

Ann Le Couteur, M.B.B.S., Catherine Lord, Ph.D., &
Michael Rutter, M.D.,F.R.S. 原著

ADI-R 日本語版研究会 監訳
［土屋賢治・黒田美保・稲田尚子　マニュアル監修］

- プロトコル・アルゴリズム
  （面接プロトコル1部、包括的アルゴリズム用紙1部）…本体 2,000円+税
- マニュアル ……………………………………………… 本体 7,500円+税

臨床用ワークショップも開催しております。

ASD関連の症状を評価するスクリーニング質問紙

SCQ 日本語版

■対象年齢：暦年齢4歳0カ月以上、
　　　　　精神年齢2歳0カ月以上

Michael Rutter, M.D., F.R.S., Anthony Bailey, M.D.,
Sibel Kazak Berument, Ph.D., Catherine Lord, Ph.D., &
Andrew Pickles, Ph.D. 原著

黒田美保・稲田尚子・内山登紀夫 監訳

- 検査用紙「誕生から今まで」（20名分1組）……… 本体 5,400円+税
- 検査用紙「現在」（20名分1組）…………………… 本体 5,400円+税
- マニュアル ………………………………………… 本体 3,500円+税

※上記は一定の要件を満たしている方が購入・実施できます。
　詳細は金子書房ホームページ（http://www.kanekoshobo.co.jp）でご確認ください。

金子書房

シリーズ 支援のための発達心理学

本郷一夫 ◎監修

既刊

コミュニケーション発達の理論と支援
藤野 博 編著
本体 1,500円＋税／A5判・128ページ

実践研究の理論と方法
本郷一夫 編著
本体 1,500円＋税／A5判・128ページ

知的発達の理論と支援――ワーキングメモリと教育支援
湯澤正通 編著
本体 1,500円＋税／A5判・128ページ

自己制御の発達と支援
森口佑介 編著
本体 1,500円＋税／A5判・120ページ

愛着関係の発達の理論と支援
米澤好史 編著
本体 1,500円＋税／A5判・128ページ

生態としての情動調整――心身理論と発達支援
須田 治 編著
本体 1,500円＋税／A5判・120ページ

刊行予定

※いずれも、予価1,500円＋税, 予定ページ数128ページ。
※タイトルはいずれも仮題です。

◆情動発達の理論と支援
遠藤利彦 編著

◆生涯発達の理論と支援
白井利明 編著